INVENTER LE COUPLE

Philippe BRENOT

INVENTER LE COUPLE

EDITIONS
ODILE JACOB

15, RUE SOUFFLOT, 75005 PARIS

ISBN : 2-7381-0991-8

www.odilejacob.fr

1

ÉTAT DES LIEUX

Chacun s'accorde sur les faits, mais personne ne formule cette intime conviction qui tombe comme une sentence : *le mariage sous sa forme actuelle est une institution en échec*, qui ne dure que par une entente d'intérêts contradictoires. Pourquoi mener sans prévention de jeunes couples au mariage alors que chacun sait – sauf eux – que pour un tiers ils divorceront, pour un autre tiers ils vivront un *statu quo* insatisfaisant, en espérant que le troisième tiers connaîtra le bonheur tant espéré ? Notre société doit mener une réflexion sur les modes d'union adaptés à la vie contemporaine, en termes d'aspirations légitimes, sociales et affectives. Ce livre se veut la pierre angulaire d'un tel édifice.

Le XIXe siècle pouvait encore tenter de séparer les destinées, de lier le social au mariage et de mettre l'amour au placard, en ignorant les peines de cœur, les chagrins passionnels, les frustrations en tous genres, le refoulement des aspirations les plus naturelles ou les plus personnelles. Aujourd'hui la plupart se révoltent – c'est le tiers qui divorce ou refuse l'état de fait –, mais une même proportion vit le malaise sans pouvoir, ou vouloir, l'identifier et refoule, somatise, construit des pathologies organiques que soignent les médecins et qu'ils ne parviennent pas à comprendre. Il y a longtemps que le mal-être – et en premier lieu l'insatisfaction personnelle – s'inscrit dans les corps. On lui prescrit des médications à défaut de sentiments. *L'amour insatisfait est peut-être la première cause de maladies.*

Une première réaction – dans les années 1960 – a été l'union libre, qui desserrait l'étau trop rigide du mariage. D'autres aménagements du couple ont suivi, et l'intelligence des conjoints a souvent innové pour trouver la forme d'union qui convenait le mieux à leurs désirs réciproques. Nous chercherons parmi ces nouvelles « formes du couples » celles qui peuvent apparaître comme des solutions à l'impasse du mariage. Considérer aujourd'hui de multiples formes d'union à deux, et non le seul cadre rigide du mariage indissoluble imaginé il y a près de deux millénaires, est certainement l'innovation la plus révolutionnaire en matière de sociologie conjugale. Un « mariage sur mesure » peut certainement être envisagé pour tous les couples matures et capables de se remettre en question.

Si le mariage est en échec sous sa forme traditionnelle, unique et intangible, il n'est certainement pas à faire disparaître sous des modalités plus flexibles et contemporaines, car la société a besoin de structures. Encore faut-il qu'elles soient adaptées aux valeurs de l'époque et aux mentalités des individus.

Les vraies questions

Dans ces conditions, pourquoi le mariage n'est-il jamais fondamentalement remis en cause ? Que ce soit en totalité ou pour certaines de ses modalités. Une première réponse a déjà été esquissée : parce que notre société en évolution rapide n'a pas mené la réflexion qui s'imposait sur les modes d'union et qu'il existe peu de solutions alternatives au mariage traditionnel. La deuxième, moins facile à formuler, est que cette institution est porteuse de symboles forts inscrits dans les fondements mêmes de notre société : la fidélité, l'interdépendance et la monogamie, toutes notions tacitement acceptées, car jamais formulées, jamais discutées et donc « indiscutables ». La troisième réponse s'inscrit dans une logique mécanique : si le système du mariage-échec fonctionne depuis longtemps – plusieurs décennies –, c'est qu'il existe un bénéfice, un principe simple d'économie qui entretient paradoxalement ce déséquilibre. Le mariage-échec s'est lui-même institutionnalisé avec des réseaux très organisés auxquels contribuent les deux corps professionnels principaux que sont les avocats spécialisés dans le divorce et les thérapeutes de couples – psychologues, psychiatres, psychanalystes, thérapeutes familiaux, conseillers conjugaux... Cette économie parallèle, encouragée par la législation – réglementant par exemple l'assistance judiciaire en cas de nécessité ou l'aide aux familles monoparentales et le suivi des sujets en détresse –, vit d'un système en déséquilibre dont ils constituent les béquilles. S'agissant des domaines réservés de la société, les vraies questions sont toujours subversives. Ce ne sont certainement pas : « *Comment soigner les couples ?* » ou « *Comment les aider à divorcer ?* », ce que savent faire les corps de métier dont nous venons de parler. Ce sont plutôt : *Qu'est-ce que le couple ? – Pourquoi vit-on en couple ? – Pourquoi pas selon d'autres formes d'union ? – Y a-t-il d'autres formes du couple ? – À quoi servent-elles ? – Quelles sont leurs différences ? – Le couple est-il une question de nature ? Est-il une question de culture ? Pourquoi la monogamie ? – Pourquoi la même forme d'union pour tous les individus ?*

Toutes ces questions fondamentales ne sont jamais posées et sont donc naturellement indécentes, impertinentes, inconvenantes. Ce seront celles que nous soulèverons.

Méthode

Pour découvrir les dessous du mariage et la réalité du couple, nous interrogerons la nature : *quelles sont les lois animales de l'union des individus entre eux ?* Nous interrogerons la culture : *comment les humains, à l'aube de leur histoire, ont-ils codifié ces règles naturelles et énoncé les lois traditionnelles* ? Nous analyserons la récente rupture de l'équilibre entre nature et culture : *comment l'autorégulation des unions a-t-elle produit de nouvelles formes du couple* ? Enfin, *quels modèles pouvons-nous tirer de cette histoire du couple et quelles règles pour l'aide aux couples en difficulté* ?

Le premier point, *celui de la nature*, est toujours éludé par les sociologues et les psychologues du couple au motif simpliste que l'homme n'est plus un animal ! L'anthropologie et l'éthologie des primates y répondent, elles ont développé des méthodes et une éthique de l'observation qui nécessite au préalable d'être expliquée pour éviter les *a priori*, car les études du comportement animal, aujourd'hui très nombreuses et sérieusement référencées, n'ont été entreprises que pour mieux comprendre l'homme. Le capital comportemental commun avec les mammifères, et tout particulièrement les primates, est beaucoup plus important qu'on peut l'imaginer. Non que cet héritage soit un carcan stéréotypé, mais plutôt que nous partageons avec le groupe dont nous faisons partie un large registre comportemental, que nous mettons en jeu de façon identique, partielle ou symboliquement similaire.

Homme ou animal, nous sommes soumis à des *déterminants biologiques* qui jouent un rôle essentiel dans nos motivations psychologiques sexuelles, relationnelles et sociales. Mais la part animale en nous dépend ensuite profondément du développement personnel, de l'histoire de vie et des particularités de notre culture. La compétence innée des humains pour le langage en est un exemple : elle montre que le langage est une capacité biologique mais qu'il ne peut se réaliser que dans un bain culturel permettant de développer ses potentialités. D'une certaine façon, *nous vivons biologiquement notre culture*. Chez les animaux supérieurs et l'homme, le « programme » des actes possibles est en partie préétabli, mais il n'est pas tout entier inscrit dans nos gènes, il doit être complété par l'expérience et par l'apprentissage. La notion de « programme » comportemental n'est pas une donnée rigide, elle s'articule avec la culture, avec les valeurs propres à l'individu, avec son histoire et les aléas de l'apprentissage.

La méthode éthologique ne procède pas de l'analogie : il ne s'agit pas de rechercher des similitudes avec les comportements animaux, mais de comprendre la continuité ou la rupture de nos attitudes face aux mêmes conditions environnementales. L'étude parallèle de différentes espèces est la seule voie qui nous permette d'identifier les facteurs essentiels qui sous-tendent leurs comportements. Nous pouvons observer des convergences d'attitudes chez des individus qui ont en commun une part de patrimoine biologique et ainsi mieux comprendre leurs déterminants.

Pour le deuxième point, celui *de la culture*, la méthode ethno-anthropologique soulève moins de remarques critiques. Elle est fondée sur la comparaison des cultures, traditionnelles et modernes, en évitant la simple ethnocomparaison : on n'interprète jamais un fait de société en dehors de son contexte culturel. Là encore, c'est le phénomène de la convergence d'attitudes qui pourra nous servir de langage commun avec la méthode bioanthropologique. Nous observons en effet des similitudes dans les attitudes, face aux mêmes conditions de l'environnement, appelées « sociales » chez les humains.

Le troisième point – *de la rupture* – empruntera ses arguments à la sociologie qui s'exprime en termes de structure. On retrouvera ainsi un thème amplement développé par Claude Lévi-Strauss, celui de *l'indissociabilité du social et du matrimonial* : le lien conjugal tisse sa toile qui est l'ossature des sociétés humaines. La sociologie, comme l'anthropologie, pense en termes de populations et non d'individus, ce qui constitue un langage commun à ces deux disciplines qui donnera plus de cohérence à notre propos. Mais une tendance de la société peut être contemporaine d'un comportement individuel qui lui est différent. Ce sera par exemple le cas d'individus monogames dans une population traditionnellement polygame.

Le quatrième point, *réinventer votre couple*, sera, d'une certaine manière, en rupture de méthode avec les précédents car il abordera la question de la psychologie individuelle, et s'appuiera sur des cas personnels. En cela la démarche psychologique est ici une méthode des cas qui permettra une approche concrète des difficultés individuelles. Je confronterai ces cas actuels à ce que nous auront appris la nature et la culture pour offrir des orientations thérapeutiques aux couples en difficulté : c'est ce que je nommerai *autothérapie*.

Une réflexion qui touche ainsi à plusieurs domaines, de traditions différentes nécessite un discours transdiciplinaire, et non analogique, à la recherche d'un langage commun à ces disciplines. Le registre de l'anthropologie est certainement le plus consensuel pour notre propos puisqu'il recouvre le territoire des cinq anthropologies : biologique, physique, culturelle, linguistique et sociale.

Le couple est un objet multidimensionnel qui nécessite de la rigueur et de la prudence dans la méthode, mais aussi de l'impertinence dans les propos, pour ne pas faire l'impasse des questions fondamentales qui semblent « indiscutables ».

Bordeaux, le 1er janvier 2001.

Tous mes remerciements vont à José Bacri, Georges Balandier, Claude Bensch, Christine Castelain-Meunier, Marie Chevret-Measson, Boris Cyrulnik et Stéphane Darnat pour leur œil bienveillant et leurs conseils amicaux sur ce manuscrit. Et à Marie-Pierre Cassand et Sylvie Ziverec pour leur assistance et leur compétence technique.

2

NATURE

Qui sait s'il ne faut pas dépasser beaucoup la nature pour entendre ce qu'elle veut nous dire.

Sade, *Aline et Valcour.*

Le monde naturel nous parle et nous n'écoutons pas. Il nous dit l'origine, donne du sens à la vie, il en trace l'avenir. Il est toute notre histoire. Si nous l'oublions, c'est en vertu des défenses que nous avons dressées contre ce retour en arrière. Une façon de nous croire seuls au monde. Or la nature est riche de leçons, elle peut nous aider à comprendre les fondements du mariage humain.

L'observation des êtres les plus primitifs permet d'imaginer ce qu'étaient les modes de reproduction à l'origine de la vie sur terre. L'amibe, qui est chez l'homme un parasite du foie et du tube digestif, se reproduit par division spontanée en deux amibes filles, lesquelles ressemblent en tous points à l'organisme dont elles sont nées. Mais très rapidement dans l'évolution, les êtres unicellulaires se sont rapprochés, puis accolés (accolement) et ont fusionné (fusion) pour échanger du matériel génétique, avant de se séparer à nouveau. Ce procédé d'enrichissement des gènes est un moteur de l'évolution puisqu'il permet à la vie de ne pas se reproduire à l'identique. Le mélange des caractères contribue ainsi à la variété des êtres vivants, depuis les formes très simples de la vie jusqu'aux plus complexes.

On peut penser que la première raison de ce changement de stratégie aura été la nécessité pour les êtres vivants de s'adapter à des environnements variés, car la simple division cellulaire à l'identique n'aurait pu permettre aucune évolution et donc aucune adaptation à des milieux différents. Or la vie était en marche pour la colonisation de nouveaux territoires.

Ces deux innovations que sont *accolement* et *fusion* augmentent la variété des individus et constituent déjà un prototype de la sexualité, comme nous le montre l'exemple de la « parasexualité » des bactéries qui consiste en la transmission d'un fragment d'ADN d'un individu à un autre [1]. Dans un dernier temps, il a ensuite fallu une séparation d'individus différenciés, mâles et femelles, et la réalisation du premier acte sexuel pour que la vie s'engage vraiment dans l'évolution sexuée.

Si l'on en croit l'étymologie – le mot vient du latin *secare*, « couper, séparer » –, *la sexualité* est un mode de reproduction qui sépare l'espèce en deux catégories : les mâles et les femelles. À l'opposé de cette définition, l'état primitif de la vie semble avoir été *asexué*, car constitué d'une seule catégorie d'individus [2]. Cette *monosexualité* initiale représente encore une part importante du monde vivant, que sont les unicellulaires. La majorité du vivant, quant à elle, est aujourd'hui sexuée [3].

À l'origine

Curt Thesing décrit ainsi les débuts de la sexualité : « Quelle force a conduit pour la première fois l'un à l'autre deux individus de la même espèce et les a poussés à unir leurs protoplasmes ? Il est vraisemblable que de telles unions passagères ont eu lieu de très bonne heure, d'abord par hasard, et en manière d'essai, c'est-à-dire lorsque deux de ces petites boules de protoplasme, occupées à ramper en tous sens, venaient à se rencontrer. Et cette union passagère se montra avantageuse, pour des raisons qui pouvaient être étrangères aux rapports sexuels et à la reproduction : peu à peu cela devint une habitude régulière et instinctive, une habitude des êtres vivants [4]. »

Une autre hypothèse veut que la reproduction soit devenue sexuée par nécessité démographique ; les conditions du milieu se détériorant, parce que tout l'espace habitable était occupé, la sexualité aurait alors permis de réduire l'accroissement des populations. Dans de telles conditions, chez les protistes et chez certains petits crustacés comme la puce d'eau par exemple, on s'aperçoit que la reproduction, qui est asexuée lorsque les conditions du milieu sont favorables à l'expansion de la population, devient tout à coup sexuée lorsque la densité des individus est trop forte. Avec *l'invention du sexe*, des accouplements se produisent, mais la reproduction cesse aussitôt afin de limiter la croissance de la population [5]. Selon cette hypothèse, la sexualité semble avoir pu être un mécanisme efficace d'équilibre démographique et d'adaptation aux contraintes du milieu, à l'opposé de la croissance asexuée, rigide et inflationniste. C'est peut-être ainsi qu'est née la sexualité : pour limiter les naissances !

Ce premier exemple met en évidence la complexité du phénomène d'accouplement qui, contre une idée reçue, apparaît distinct du processus de reproduction. On le voit bien chez les tritons où le mâle dépose dans l'eau ses spermatophores que les femelles viennent recueillir en se posant dessus. La fécondation s'effectue, l'espèce se reproduit, mais le mâle et la femelle ne se sont jamais « fréquentés ». Par ailleurs, tous les animaux qui s'accouplent ne vivent pas forcément en couple, et, lorsque c'est le cas, la monogamie n'est pas obligatoirement liée aux soins portés à la progéniture. On peut penser à certaines espèces de poissons et d'oiseaux comme le poisson papillon, le coucou africain, le canard à tête noire, qui sont monogames mais ne s'occupent pas de leurs petits, alors que d'autres en prennent soin bien que la reproduction ait été anonyme.

Couple, parade, monogamie, soins aux petits, qui semblent des notions fortement liées entre elles dans notre conception humaine et occidentale, sont en réalité indépendantes en tant que variables naturelles, que ce soit pour des espèces dites « inférieures » ou des groupes très organisés. Nous voyons progressivement quelques règles naturelles émerger de nos observations ; elles jouent toujours un rôle important dans l'espèce humaine.

Le nouvel être sexué possède des gènes issus de chacun des deux parents. Il en descend tout en étant différent, ce qui lui confère le grand avantage de la nouveauté, selon la belle équation d'André Langaney : *un plus un donne un autre* [6]. De nouvelles associations de gènes se constituent ainsi à chaque génération ajoutant à la diversité déjà existante. Cette innovation biologique de la sexualité se double d'un corollaire : *la mort*, puisque à l'encontre de la reproduction asexuée, au sein de laquelle la même cellule se divise à l'infini et ne meurt donc jamais, ici les individus disparaissent pour laisser place à leur descendance.

Mâles et femelles

Les deux sexes sont maintenant face à face : le mâle et la femelle. Ils sont présents dans tous les groupes naturels : chez les invertébrés, on trouve des vers mâles et des vers femelles ; chez les végétaux, des fleurs mâles et femelles ; chez les poissons, les oiseaux, les mammifères...

Par convention, on appelle mâle les non-femelles [7]. La nature est ainsi faite qu'à l'origine il n'y a qu'un sexe : le sexe femelle. Tous les manuels classiques tiennent un autre discours, ils parlent d'un état originel indifférencité, qui prend ensuite forme masculine ou féminine selon l'imprégnation hormonale. Mais il faut bien reconnaître que cet état indifférencié est très peu différent de l'aspect femelle. C'est par l'action secondaire des hormones masculines que l'aspect mâle se dessine. Si cette imprégnation hormonale ne se produit pas, l'individu reste femelle.

Au cours de la vie, les comportements du mâle et de la femelle sont ensuite très différents. Est-ce de nature, est-ce de culture ? On a pris l'habitude de penser que les animaux n'ont pas de culture et donc que leurs comportements obéissent à une programmation rigide et préétablie. Nous savons aujourd'hui que ce sont des êtres complexes, autant de nature que d'une culture qui leur est propre. On distingue très nettement chez eux la gestuelle mâle de la gestuelle femelle, dont on connaît expérimentalement l'origine naturelle.

Chez les humains, la part symbolique est si forte que l'on pense nos comportements seulement appris. Or le même double déterminisme organise certainement les conduites humaines.

Dès l'origine, deux caractéristiques semblent marquer les rapports entre sexes : l'*anisogamie* et le *dimorphisme*, avec une constante qui sonne comme une définition des sexes. La femelle est l'élément fixe, seul le mâle est mobile. L'*anisogamie* est l'inégalité de taille des gamètes. Elle conditionne le rapport initial d'un sexe à l'autre. Au cours du développement précoce de l'embryon, la lignée cellulaire s'individualise en gamètes mâles et gamètes femelles, clairement reconnaissables par leurs différences : les spermatozoïdes sont petits, très actifs, mobiles, sans réserves nutritives ; les ovules sont gros, passifs et riches en réserves (fig. 1). Cette description presque caricaturale s'accompagne d'une autre différence : dans la grande majorité des espèces de vertébrés, le mâle est plus grand en taille, plus fort et plus musclé que la femelle. On parle alors de *dimorphisme sexuel*, ou différence d'apparence corporelle entre mâles et femelles [8]. Certains biologistes fondent cette différence sur l'inégalité initiale de la taille des gamètes, qui obligerait les spermatozoïdes à rivaliser entre eux, et même à se détruire, pour accéder à l'ovule, le féconder et, d'une certaine façon, capter ses réserves reproductrices. C'est *la théorie de l'anisogamie* : les mâles seraient

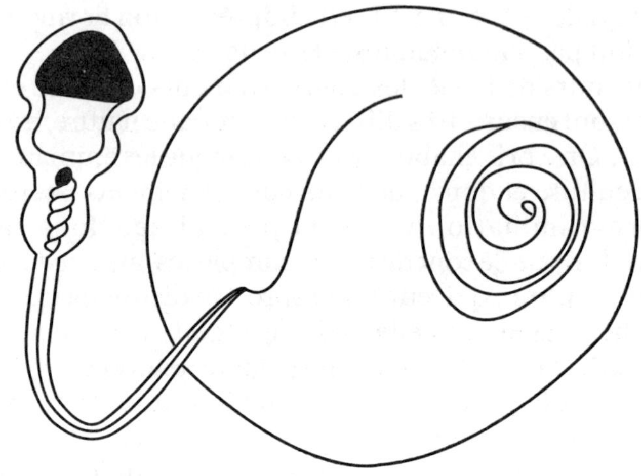

FIGURE 1. – *Ovule et spermatozoïde* (représentation proportionnelle : le diamètre de l'ovule est en moyenne de 120 μ, la longueur d'un spermatozoïde de 40 à 250 μ).

en compétition, à l'image de leurs cellules germinales, pour accéder aux femelles et à la possibilité reproductrice qu'elles représentent [9].

L'ovule femelle représente à la fois une richesse énergétique et le seul accès possible, pour un spermatozoïde, à la reproduction de son patrimoine génétique. L'ovule et la femelle qui le porte constituent ainsi le pôle principal – et l'on peut dire unique – de la continuité de la vie. Le mâle n'est qu'accessoire. On prend bien conscience de cette « répartition des tâches » et du fondement femelle de la vie lorsque, les conditions du mileu se modifiant, la persistance d'un seul sexe s'avère nécessaire : c'est toujours le sexe féminin qui est choisi. « Choisi » n'est pas un bon terme car il n'y a pas choix dans la nature, mais nécessité. C'est la femelle qui contribue le plus à la reproduction en assurant l'ovulation, la gestation, la lactation puis le maternage. Le « choix » du mâle ne se pose pas puisqu'il reste extérieur au biodéveloppement de sa progéniture.

Lorsque certaines espèces, comme les lézards ou les escargots, deviennent hermaphrodites pour des nécessités environnementales, l'hermaphrodite prend alors l'aspect femelle, le seul qui permette la reproduction. C'est pour cette raison que les récentes expériences de clonage ont été menées sur des femelles et ne peuvent donner que des femelles. Un mâle, pourtant donneur de sexe – puisqu'il fait de l'œuf un mâle XY ou une femelle XX –, ne peut, en principe, féconder un autre mâle ni s'autoreproduire, alors qu'une femelle – la mère de Dolly – ne peut engendrer qu'une femelle : XX. Si les amazones ne sont qu'un mythe social, elles sont une réalité biologique.

Survivre est la seule contrainte à laquelle toutes les espèces, y compris l'homme, sont soumises. Il leur faut donc procréer avec, chez les êtres sexués, un impératif : la mise en présence de deux gamètes de sexe différent. Mais la seule rencontre nécessaire est en réalité celle des cellules sexuelles ; celle des individus est totalement accessoire.

C'est le cas de nombreuses espèces aquatiques, comme les poissons, qui pratiquent la fécondation externe, c'est-à-dire que les femelles sont fécondées par un « lâcher de gamètes » anonyme. Les oursins également se fécondent sans qu'il y ait contact entre les partenaires, dans une sorte de « partouze primitive » où se mêlent les spermes, pour le « bonheur » des femelles en quête de progéniture. C'est encore le cas des humains inféconds dont le sperme, artificiellement concentré, est déposé *in vitro* sur un ovule féminin, et qui auront bientôt un enfant sans avoir fait l'amour, car ce n'est pas nécessaire. Des nouvelles formes de l'amour restent à inventer. Il est alors fort possible que l'accouplement furtif de deux amoureux derrière un bosquet puisse, dans quelques années, paraître extraterrestre ou même subversif à des adeptes de la pipette, mais aussi que le plaisir sexuel soit conservé, et pourquoi pas exacerbé, chez deux êtres hypermodernes regardant, sur un écran vidéo, la pénétration *in vitro* d'un spermatozoïde à l'intérieur d'un ovule !

La rencontre

Si le seul impératif de l'amour naturel est la rencontre des gamètes, certains phénomènes contribuent à ce rendez-vous. Il faut tout d'abord que la maturité des deux sexes survienne à la même époque. Cette synchronisation est réglée par des mécanismes intimes sensibles à l'ensoleillement, la température, la durée du jour, les phases de la lune... Nous, les humains, nous avons l'impression d'être indépendants de ces facteurs de l'environnement, mais ils jouent certainement toujours un rôle. On sait par exemple combien les variations saisonnières influent sur l'équilibre de l'humeur par l'intermédiaire des modifications de l'intensité lumineuse qui commandent les sécrétions hormonales. L'augmentation des pulsions sexuelles au printemps favorise ainsi les rencontres qui sont plus nombreuses à cette période de l'année appelée « période des amours ». Ce n'est pas un hasard si la Saint-Valentin a été fixée au 14 février, car elle est un prémice de l'amour, au début du printemps. Le rapprochement des individus se fait d'abord à deux mais aussi en groupe, comme c'est le cas des grands rassemblements nuptiaux que l'on remarque chez les poissons, chez les invertébrés marins, ou lors de quelques concerts géants comme ceux qui ont été observés à Woodstock et à Wight, chez les humains.

Les étapes de la rencontre amoureuse sont ensuite régies, autant pour les animaux que pour l'homme, par des règles intangibles, quelle que soit l'espèce. Deux principales nous intéressent ici : *la reconnaissance spécifique* et *l'inhibition des comportements agressifs*.

La reconnaissance de l'autre comme partenaire sexuel potentiel est le préalable à tout comportement d'approche : identification du congénaire comme faisant partie de la même espèce, du même groupe ou de la même population. Il est impératif pour chaque individu de signaler sa présence par des gestes, des cris, des odeurs ou des signaux visuels. Ce sont des signes de reconnaissance très spécifiques qui évitent les accouplements par erreur. La cigale femelle reconnaît sans nul doute le chant du mâle, et même sa signature, s'il a par exemple l'accent provençal. La femelle du xipho, le poisson « porte épée », ne connaît qu'un attracteur : la queue haute en couleur du mâle de son espèce. Les plumes du paon, du dindon ou de l'oiseau-lyre jouent pour leurs femelles le même rôle que le parfum de madame bombyx du mûrier pour son mâle. Ces signaux existent à l'identique chez les humains – attrait de la silhouette, gestes de séduction, regards amoureux –, mais s'y ajoute la grande richesse d'un code social des reconnaissances qui joue le même rôle de signal d'appartenance à une classe sociale, un groupe d'âge, une communauté particulière, puisque les humains n'ont plus de risque de s'accoupler par erreur à une autre espèce.

Les attraits naturels – ton de la voix, regard, sourire, gestes, attracteurs sexuels comme la nuque, l'oreille, le pied, les seins, les fesses, etc. – et les codes sociaux de la séduction – parfum, coiffure, maquillage, vêtements, mode, etc. – sont autant d'éléments de parade qui mobilisent chez le partenaire des réponses émotionnelles programmées. Les comportements de séduction – parures, offrandes – s'organisent en rites de pariades – promenade, conversation, danse – qui sont des déclencheurs du désir et de la sexualité. Les sternes de nos côtes atlantiques offrent, par exemple, de petits poissons en cadeau d'amour, tout comme le mâle occidental invite une femelle à dîner en guise de prémices amoureuses. L'offrande la plus largement répandue est celle de la nourriture. Rares sont les femelles qui la refusent, d'où le succès actuel de la fellation !

On peut remarquer que les humains ont particulièrement développé les comportements de séduction – ils sont plus riches et variés que dans aucune autre espèce –, mais ils s'observent de manière beaucoup moins fréquente qu'en milieu animal du fait de l'institution du mariage qui permet de faire l'économie de la séduction permanente. En milieu naturel, la séduction reste obligatoire et sans cesse renouvelée, pour permettre le rapprochement et l'accouplement. On sait aussi combien ces comportements de séduction, véritables déclencheurs du désir, sont dramatiquement absents chez les couples en déroute. Les humains sont souvent en difficulté lorsqu'ils oublient les lois naturelles.

Première règle de la rencontre sexuelle, *la reconnaissance spécifique* permet d'éviter les accouplements contre nature, entre espèces différentes et, chez les humains, entre groupes sociaux trop différents. C'est ce que les sociologues nomment *homogamie*, c'est-à-dire le choix du conjoint dans le même groupe géographique, culturel, social... choix qui répond certainement aux mêmes déterminismes que chez les espèces animales, car nous vivons biologiquement notre culture.

Deuxième règle qui conditionne le rapprochement des individus et que nous rencontrerons tout au long de cette histoire du couple : *l'inhibition des comportements agressifs* est obligatoire pour permettre l'accouplement. C'est une loi générale de la nature : « Il est impensable qu'un être vivant s'approche d'un autre être vivant sans qu'il y ait une inhibition de l'agressivité [10]. » C'est vrai d'une amibe qui présente des réactions de pulsion ou de répulsion, d'un vieil arbre trop près duquel on plante une jeune pousse et qui meurt, d'un mammifère dont s'approche un congénère et qui réagit avec agressivité. La création du couple est avant tout fondée sur l'inhibition de l'agressivité naturelle qui préserve l'autonomie individuelle.

Le psychologue américain E. T. Hall a développé la notion d'*espace personnel* pour rendre compte de la distance que chaque individu réserve autour de lui comme moyen de protection [11]. Cette distance individuelle est le résultat d'une double tendance à l'attaque et à la fuite. Chaque individu maintient en permanence autour de lui cet espace de sécurité où aucune intrusion n'est tolérée. Seule modulation du rapport entre attaque et fuite : la possibilité d'accouplement et donc la proximité d'un congénère de sexe opposé. Pour un mâle, cette distance diminue en présence des femelles mais augmente vis-à-vis des autres mâles.

Ainsi, chaque animal réagit lorsqu'on pénètre dans son espace personnel tandis que l'humain fait bien la différence entre une distance sociale dans laquelle il accepte les individus de son groupe, une distance personnelle pour les êtres familiers, et une distance intime pour les plus proches. À chaque intrusion dans un espace interdit, se déclenchent des réactions d'acceptation, de répulsion ou d'agressivité. L'accouplement ne se réalisera que si toutes les tensions de défense sont abolies – sinon, cela s'appelle un viol. C'est pour cette raison que le viol n'existe pas dans la nature, car les défenses individuelles interdisent toujours la pénétration de l'espace intime, sauf dans le cas de la disponibilité génitale et du désir d'accouplement.

Chez les humains, l'obligation sociale d'accepter un congénère dans la bulle personnelle ajoute à l'ambiguïté des situations d'intimité – comme dans les transports en commun, les conditions professionnelles de proximité, le couple non désiré. De la même façon, il n'est pas rare d'observer une difficulté – le plus souvent pour la femme – d'abaisser ses défenses pour permettre l'intimité dans le couple. Cette règle naturelle – et universelle –, profondément oubliée des humains, est certainement le modulateur le plus constant des malentendus entre homme et femme pour constituer ou maintenir un couple : *l'inhibition de l'agressivité interindividuelle est le premier et le seul préalable à la constitution du couple*.

En milieu naturel, une fois l'accouplement terminé, cette inhibition disparaît, et les partenaires reprennent leur arsenal défensif, comme dans l'exemple bien connu de la mante religieuse qui dévore son amant d'un instant, redevenu menaçant, car trop proche dans l'espace personnel. Les humains qui veulent rester en couple doivent trouver le moyen de pérenniser cette inhibition de l'agressivité.

Modes de vie

Trois disciplines ont pour objet d'étude les modes de vie des individus entre eux : *l'éthologie, l'anthropologie, la sociologie*. Toutes trois utilisent des méthodes différentes d'analyse, mais elles identifient cinq modes possibles d'appariement que nous conserverons comme fil conducteur de notre analyse et dont nous pourrons retrouver les homologues chez l'homme : 1) le solitarisme ; 2) la promiscuité ; 3) la polygynie ; 4) la polyandrie ; 5) la monogamie.

Comme pour les humains, ces catégories sont une commodité d'analyse de situations complexes dont elles ne rendent compte que très imparfaitement. Il faut en effet distinguer les modes d'appariement selon leur finalité ou leur fonction sociale. La monogamie peut n'être que transitoire, et la polygamie être une stratégie reproductive, tandis que tel état de promiscuité sera peut-être le fait d'un phénomène saisonnier. Certaines espèces sont solitaires, les individus n'ayant aucune relation avec des congénères en dehors du moment de l'accouplement – comme chez les araignées par exemple –, d'autres sont grégaires et cultivent les relations sociales – on peut rappeler l'entraide qui existe chez les babouins. Certains individus vivront en harem une partie de leur vie et seront solitaires pendant une autre – comme le mâle des gorilles. Certains seront monogames avec fidélité tout au cours de leur vie – les inséparables – et d'autres monogames avec plusieurs partenaires successifs dans une polygamie séquentielle – c'est le cas de la plupart des oiseaux. Par convention, nous utiliserons ces termes – *solitarisme, promiscuité, polygynie, polyandrie, monogamie* [12] – pour signifier le comportement le plus habituel d'un groupe considéré. Il pourra ainsi y avoir des couples monogames dans une espèce polygyne.

Une première constation chez les mammifères : la polygynie apparaît comme le système largement dominant.

La monogamie est très rare (4 % des espèces de mammifères), et la polyandrie n'est connue que par quelques cas particuliers.

Le solitarisme

Le solitarisme est l'état des animaux solitaires : par nécessité de l'espèce ou des conditions du milieu, ou bien par rejet des autres membres du groupe. On connaît des espèces solitaires dans tous les embranchements, chez les insectes comme les sauterelles, chez les araignées, chez les insectivores fouisseurs comme les taupes, chez des mammifères comme l'ours, le tigre, le léopard. Chaque individu assume sa propre subsistance sans vie de relation avec ses congénères, à l'exception de la période des amours. Il y a cependant de grands paradoxes, certains animaux sont par exemple solitaires à l'intérieur d'un territoire donné mais peuvent néanmoins présenter un système d'accouplement monogame. C'est le cas de poissons, comme le jawfish, qui s'accouple au cours de plusieurs saisons avec un seul partenaire mais vit célibataire le reste de l'année. La véritable reproduction solitaire est enfin théoriquement possible chez les hermaphrodites qui s'autoféconderaient, comme les escargots ou certains poissons, mais ce système est en fait très mal connu, et l'autofécondation n'est pas certaine. Chez les mammifères, et les primates dont nous faisons partie, il existe peu d'animaux solitaires, sinon exclus du groupe du fait de l'âge et de l'agressivité, comme les vieux mâles chez les gorilles. Le solitarisme se situe à l'opposé de la démarche conjugale.

La promiscuité

« Cette fosse commune de la vie qu'est la promiscuité... », nous dit Jean Giraudoux [13]. Le mot *promiscuité* a évidemment aujourd'hui une valeur morale que Giraudoux ne manque pas de relever. Mais si ce terme a été choisi, en biologie, pour désigner le mode d'appariement des individus en groupe et au hasard, il ne peut être compris hors de ce contexte qui confère à cette notion une haute valeur de relations entre individus : à l'opposé de la polygamie où un mâle domine plusieurs femelles, dans la promiscuité aucun individu n'a de droit exclusif sur un autre. La promiscuité apparaît ainsi comme un état de « démocratie sexuelle », c'est d'ailleurs l'argument des humains pratiquant des expériences communautaires ou de mariage de groupe, pour défendre ce mode de vivre.

Cette « belle idée » dans l'absolu recouvre cependant les réalités très différentes que sont l'union au hasard et l'amour à plusieurs. De nombreuses espèces d'insectes pratiquent la copulation de groupe lors de grands rassemblements car cela permet de stimuler les comportements sexuels et de synchroniser les naissances qui surviennent alors toutes en même temps. Le rite nuptial des moustiques peut ainsi s'observer le soir, en été, près d'une source lumineuse. Ce nuage d'un million de moustiques mâles attire les femelles alentour, et des milliers de couples se font, se défont et fécondent autant de millions d'œufs qui écloront un même jour.

L'amour en groupe présente plusieurs avantages sur les conduites individuelles de séduction. La rencontre est évidemment plus facile quand le mot d'ordre est sur toutes les bouches, quand la cour et la séduction sont, pour les mâles, des comportements obligés et attendus par la partenaire. Il faut pour cela que les émotions individuelles soient ressenties par le groupe qui perçoit alors une vague d'excitation qui en amplifie les effets et confère à chaque individu les stimulations nécessaires à l'accouplement. La synchronisation des gestes et des cris, l'émission d'odeurs et de phéromones, contribuent à cette excitation, sous-tendue par une forte secrétion hormonale.

Chez les oiseaux, ces rituels de groupe réunissent à date fixe des milliers d'individus sur de grands territoires de reproduction. Chacun interagit sur l'autre par des danses nuptiales qui stimulent la production d'hormones sexuelles nécessaires à une forte fécondité. On a bien montré l'influence du facteur numérique – les très grands rassemblements amenant facilement à l'excitation et à une haute fécondité tandis que des groupes plus restreints ne permettent pas à tous les accouplements d'être féconds. On peut sans crainte faire un parallèle avec la recherche compulsive d'une sexualité de groupe par des hommes impuissants qui savent que seules des stimulations fortes et nombreuses peuvent provoquer chez eux l'excitation suffisante à l'érection et à l'accouplement.

Dans la sexualité de groupe, les rencontres sont anonymes et sont le fait du hasard, elles répondent plus à une psychologie des foules face à un attracteur externe qu'à une psychologie individuelle.

La promiscuité de l'union au hasard peut également s'observer de façon saisonnière dans des espèces monogames comme le titi, un petit singe des forêts colombiennes qui vit en couples très fidèles sur de petits territoires jalousement défendus. Toute différente est la période de l'œstrus où les femelles imprégnées d'hormones et les mâles en chaleur s'accouplent en une promiscuité insatiable qui conjure peut-être la chasteté conjugale habituelle. La fonction du carnaval, chez les humains, n'est pas très différente de cela. Le carnaval renverse l'ordre établi, notamment en ce qui concerne les interdits sexuels, et permet, l'espace d'un jour, ce qui est réprimé toute l'année. Les grandes fêtes annuelles – Rio, Munich... – offrent cette promiscuité saisonnière libératrice, garante d'une fidélité monogame pour le reste de l'année.

Autre modalité de promiscuité sexuelle, l'union des grands groupes multimâles multifemelles comme ceux des chimpanzés, qui vivent en bandes de tous âges, organisées selon des structures sociales bien repérables : une mère et ses petits, prototype d'une famille nucléaire dont les mâles ne font pas partie, puisqu'il n'y a pas reconnaissance de la paternité ; des mâles respectant entre eux une hiérarchie, avec à leur tête le dominant, appelé mâle alpha ; d'autres mâles et femelles allant d'un groupe à l'autre et montrant respect et allégeance aux dominants. Lorsqu'une femelle aux « fesses roses » montre ainsi les signes de l'œstrus, les mâles de la troupe manifestent leur intérêt et, sur l'invitation de la guenon, s'accouplent à elle par rang hiérarchique devant les congénères en attente. Le coït est bref, 10 à 15 secondes. Le mâle se retire, il est suivi d'un autre. Jane Goodall, qui a vécu dix ans au Kenya avec les chimpanzés de Gombe Stream, nous parle de Flo, une jeune guenon du groupe : « Le lendemain matin, Flo arriva de très bonne heure. Ses amants de la veille l'accompagnaient ; de nouveau ils lui firent la cour et s'accouplèrent successivement avec elle avant de manger leurs bananes [14]. » Ces copulations insatiables – une femelle avec dix à douze mâles, chaque mâle avec la même femelle en chaleur plusieurs fois par jour – durent une dizaine de jours, pour chaque femelle le temps de l'œstrus. Puis la vie reprend son cours avec les activités quotidiennes et quelques préférences affectives : Rodolf, chimpanzé de haut rang, était ainsi le fidèle compagnon de Flo. Il était son chevalier servant, l'accompagnant partout, dormant dans le nid le plus proche. Comment comprendre et qualifier ces modes de vie qui associent une promiscuité sexuelle intense en phase d'œstrus, une presque polyandrie, dans la mesure où c'est la disponibilité de la femelle et son bon vouloir qui conditionne l'accès des mâles à la sexualité et à la reproduction, et des relations privilégiées de couple sur un plan sexuel et vraisemblablement sentimental ?

La promiscuité a été décrite par Pianca comme un système idéal « dans lequel chaque individu a une même probabilité d'accouplement avec chaque autre organisme [15] ». Cette définition nous rappelle le mythe anthropologique de la *panmixie*, l'« union totale au hasard », permettant le brassage des gènes sans sélection *a priori*. Le terme de *promiscuité* met surtout l'accent sur l'absence de discrimination du partenaire, selon des critères psychologiques, affectifs ou sociaux. Il peut tout à fait s'appliquer à de tels systèmes où se mêlent polygynie et polyandrie, mais cela ressemble plutôt à une polyandrie dans la mesure où les mâles sont toujours moins sélectifs en matière de choix sexuel. Ce sont les femelles qui choisissent.

La polygamie

« Simultanée ou successive, la polygamie est celle des riches ; sporadique ou symbolique, celle des pauvres. » Dans son *Sexe polygame* [16], Esther Vilar fait une rapide typologie de la polygamie, dénomination populaire de la polygynie, qu'elle pose comme facteur discriminant entre riches et pauvres. Le terme de *polygamie* (plusieurs mariages) recouvre deux réalités très différentes : la *polygynie* ou union d'un mâle avec plusieurs femelles et la *polyandrie*, union d'une femelle avec plusieurs mâles. Ce concept nécessite d'être bien discuté pour en comprendre la complexité, la valeur relative et les implications sociales, dans la mesure où la polygamie représente le mode d'union le plus fréquent parmi les mammifères, chez les primates et même l'homme. Mais il ne prend vraiment tout son sens que par opposition à la monogamie. Dès lors, les polygamies – polygynie et polyandrie – représentent toutes les autres formes d'unions, et se définissent comme unions non monogames.

Ainsi, la monogamie semble être à la fois un mode d'union sexuelle, mais aussi la forme sociale minimale et l'élément organisateur du groupe : en monogamie la société est faite d'un assemblage de couples, dans une sorte de parité entre les individus, qui reflète le sex-ratio (proportion des mâles et des femelles) puisque la société comporte sensiblement autant des uns que des autres.

Tout différent est le monde polygame, inégal, parfois en nombre d'individus mais surtout pour la répartition des rôles dans le groupe. La polygamie est une structure sociale complexe entre individus d'âge et de maturité sexuelle différents, mais qui répond aussi à des impératifs du milieu. Elle peut parfois être comprise comme une adaptation aux contraintes de l'environnement et aux variations démographiques : polygynie lorsque les femelles sont en excès, polyandrie lorsque ce sont les mâles. Ainsi, dans certaines populations d'insectes, la polygamie peut être un mode de régulation de la société avec une alternance de polygynie et de polyandrie, selon la prédominance de l'un ou l'autre sexe.

La polygynie

Cas particulier de polygamie, la polygynie est le mode d'appariement le plus fréquent du monde animal sexué. Il reste cependant empreint de préjugés et d'*a priori*. Voici ce qu'en disait Jean-Jacques Virey, en 1838, dans le *Dictionnaire de la conversation* : « Dans ces espèces, le nombre de femelles naît plus considérable que celui des mâles, et par une admirable prévoyance, la nature a rendu les premières chastes et les seconds très ardents [17]. » À l'époque des chaleurs, un mâle va ainsi d'une femelle à une autre en multipliant les accouplements. C'est cette apparente domination sexuelle qui fait qualifier leur comportement de polygyne, car dans le même temps, ces femelles qui s'accouplent successivement à plusieurs partenaires devraient être qualifiées de polyandres.

Premier signe de l'activité sexuelle des mâles : la parade nuptiale leur permet de rivaliser entre eux pour accéder aux femelles. Ils ont à cet effet des « attributs surnuméraires » – plumes, crêtes, couleurs, appendices – qui leur permettent d'obtenir les faveurs de l'autre sexe et d'éloigner les rivaux. On sait combien le développement de ces attributs est sous le contrôle des hormones sexuelles. C'est ainsi que prend naissance le dimorphisme sexuel, les mâles devenant très différents de l'autre sexe du fait de la sélection, par les femelles, des individus les plus remarquables – colorés, musclés, odoriférants – pour être les géniteurs de leur descendance. De ce fait, elles sélectionnent les gènes dont ils sont porteurs. Les mâles les plus puissants sont ainsi sélectionnés, et le dimorphisme tourne toujours à leur avantage.

Ce facteur physique qui fonde la dominance dans les groupes polygynes a bien été mis en évidence par Katherine Ralls lorsqu'elle montre que chez des mammifères comme le dik-dik, une antilope australienne, chez le chevreuil africain, le hamster doré ou le phoque de Weddell, espèces où la femelle est plus grande et plus volumineuse, le mâle reste cependant le sexe le plus agressif et donc dominant [18].

On retrouve la même asymétrie chez les babouins, qui vivent en troupes polygynes dans lesquelles l'activité sexuelle est intense. En période d'œstrus, les mâles rivalisent de force et d'ingéniosité pour s'accoupler avec le plus de femelles possible. Pour ce faire, leurs charmes doivent surpasser ceux de leurs rivaux, et les plus forts des babouins sont les plus dominants sexuellement. Chez le mandrill, babouin africain de grande taille, la sélection naturelle a doté les mâles d'un double sexe : en bas un pénis rouge écarlate au milieu d'un scrotum bleu surréaliste, en haut son nez rose rappelle le pénis, encadré de joues lumineuses d'un même bleu que les bourses. La femelle n'a que le choix du plus beau sexe des mandrills !

Le harem

Le harem est une variante de polygynie assez répandue, qui permet de mieux comprendre l'équilibre démographique de la polygamie. Wolfgang Wickler, un grand éthologue collaborateur de Konrad Lorenz, a étudié l'espèce naturelle de la poule domestique qui vit « comme ses ancêtres sauvages, en groupes sociaux d'environ cinq femelles, ayant un coq à leur tête [19] ». La femelle reste à distance des autres adultes en se réservant, pour elle et ses poussins, un territoire qu'elle défend contre les autres femelles. Dès que les poussins sont autonomes, le comportement de la femelle change, elle abandonne le maternage et rejoint un mâle. Ceux-ci sont hiérarchisés en coqs suprêmes, coqs supérieurs et inférieurs avec des prérogatives très différentes : les coqs suprêmes ont un territoire fixe qui leur appartient, où ils dominent les autres coqs – ils peuvent alors chanter près de trente fois en une demi-heure pour démontrer leur autorité – tandis que les coqs de rang inférieur n'ont pas de territoire et chantent peu. Les plus bas dans la hiérarchie ne chantent pas du tout. On peut comprendre l'organisation sociale autour du harem suprême d'un coq dominant entouré de cinq femelles qu'il surveille jalousement. Ce coq suprême chante plus que les autres, pour faire respecter son rang et affirmer la domination sur son territoire. En lisière de ce domaine réservé, des coqs de rang supérieur, avec trois ou quatre poules, occupent un territoire plus fluctuant, qu'ils balisent d'un chant moins fourni. Enfin, entre ces territoires privatifs, les coqs inférieurs tentent de conserver leur place dans le groupe, mais doivent allégeance aux dominants et ne chantent jamais, ce qui est un effet social de la hiérarchie. L'équilibre démographique se fait à ce prix de la relégation des subalternes et de la soumission des dominés. Les coqs inférieurs sont naturellement les plus nombreux.

Dans un harem stable, les mâles et les femelles ont un mode différent d'appariement, puisque le mâle est polygyne tandis que les femelles sont monogames. C'est le cas du zèbre des steppes, du cerf et des gorilles des montagnes. Le harem est certainement la structure sociale qui occasionne le plus de dimorphisme sexuel, du fait de la grande compétition des mâles pour dominer durablement plusieurs épouses. Un grand gorille mâle à dos argenté mesure près de deux mètres et pèse deux cents kilos, c'est-à-dire parfois le double de la femelle. Ce mâle dominant est entouré de trois ou quatre femelles tandis que de jeunes impubères et des individus de rang inférieur gravitent autour du harem et que, plus loin dans la forêt, vivent, isolés, les vieux mâles déchus. Ici encore l'équilibre démographique est conservé par le respect de la hiérarchie.

Cette intéressante occupation de l'espace dans les espèces polygynes vivant en harem apparaît très nettement chez le morse où, comme chez le gorille, le harem est entouré de jeunes mâles qui tentent de séduire une femelle et de « voler » les restes du repas. Un peu plus loin sur la banquise vivent isolés de vieux mâles évincés : ces dominants déchus, en forêt ou sur la glace polaire, sont connus pour leur agressivité et leur grande dangerosité – ils sont imprégnés d'hormones sexuelles et éloignés des femelles.

Le rôle des hormones est fondamental car elles sont le fidèle reflet de la structure sociale : la seule présence du mâle dominant inhibe la sexualité des jeunes adultes et des dominés qui gravitent autour de son territoire ; leur testostérone n'est plus sécrétée, et ils ne sont pas menaçants. Tandis que les vieux mâles, « bourrés » d'androgènes et qui ne peuvent rien en faire, débordent d'agressivité !

Cette sorte de « castration psychique » a été décrite par Jean-Jacques Christian chez le cerf où la seule présence du mâle dominant inhibe la synthèse de la testostérone des jeunes cerfs, qui conservent leur morphologie et leurs comportements juvéniles tant que le dominant reste présent. Il suffit de l'éloigner pour modifier le métabolisme hormonal des jeunes qui changent d'aspect physique, dont le poids augmente et qui prennent en quelques jours leurs bois adultes tandis que se nécrose le velours protecteur de leur ramure impubère [20]. Une même régulation hormonale existe dans la basse-cour où les coqs inférieurs se mettent à chanter et augmentent la fréquence de leur chant si l'on éloigne les coqs supérieurs [21].

Cette balance complexe entre des phénomènes biologiques et sociaux est ici plus facilement mise en évidence dans le modèle animal, mais nul doute qu'elle existe toujours chez nous, les humains, dans les différentes modalités de nos appariements mais aussi de nos rivalités et de nos coexistences. Les hormones ne sont alors que le reflet des attitudes psychologiques et sociales.

La polyandrie

En milieu naturel, les polygamies ont toujours été supposées répondre à un déséquilibre numérique des populations mâles et femelles. Jean-Jacques Virey poursuit, toujours en 1838 : « Parmi les républiques d'abeilles et d'autres hyménoptères, les mâles prédominent en nombre mais les femelles ont besoin de plusieurs accouplements pour féconder l'énorme quantité d'œufs qu'elles déposent. Ainsi s'établit la polyandrie. »

Selon une idée fausse, les polygamies – polygynie et polyandrie – seraient imposées par les conditions démographiques et représenteraient un mode social de régulation des naissances : s'il survient trop de mâles, s'installerait une polyandrie ; si trop de femelles, une polygynie. Cet argument persistera comme un alibi naturel de la polygamie humaine, bien que nous sachions que l'équilibre démographique reste à peu près stable quelle que soit la population.

En dehors de quelques hyménoptères que nous venons de mentionner, on ne connaît aucun exemple convainquant de polyandrie. Le monde animal est fondamentalement polygyne et rarement monogame.

On peut cependant discuter cette notion chez les primates, où l'on observe apparemment tous les systèmes sociaux, à l'exception de la polyandrie. Si le harem du gorille, avec son entourage de jeunes téméraires et de vieux « refoulés », ne soulève aucune ambiguïté, les accouplements en série des chimpanzés à une femelle en œstrus, parfois appelés *promiscuité*, parfois *polygynie*, posent la question de la différence entre polygynie et polyandrie dans les situations de promiscuité. Durant la période de l'œstrus, Flo, la jeune femelle de Jane Goodall, est polyandre, car elle s'accouple à répétition avec plusieurs mâles, tandis que les mâles qui s'accouplent avec elle sont polygynes tout au cours de l'année. C'est certainement cet argument de l'habitude qui nous fait plutôt considérer les chimpanzés comme une espèce polygyne.

Le concept de polyandrie, quant à lui, apparaît comme un mythe originel dont on ne retrouve pas la trace animale, car il n'a pas de réel fondement en ce qui concerne les mammifères et les primates. On observe parfois les accouplements en série de femelles en chaleur, mais aucune structure sociale organisée autour de la dominance d'une guenon, aucun harem féminin. Le monde primate est profondément polygame, sans polyandrie, à l'exception de quelques cas particuliers de monogamie qui pourront nous permettre d'apprécier la part naturelle à l'œuvre dans le couple humain.

Les formes de monogamie

Les monogames sont très rares dans le monde animal, 4 % des espèces de mammifères, 18 % des espèces primates (37 sur 205), ce qui représente bien moins en termes d'individus car ces espèces sont souvent de petits effectifs menacés, en voie de disparition. Elles ont été particulièrement étudiées pour tenter de comprendre la nature de la monogamie humaine qui reste, elle aussi, un cas particulier.

L'opinion, souvent toute faite, de certains auteurs ouvre des pistes à cette compréhension. Hy Freedman distingue trois types de monogamie : temporaire, permanente, saisonnière : « La grande majorité s'organise en couples temporaires et l'infidélité est la norme. Les animaux monogames qui forment un couple pour toute la vie semblent être tous des prédateurs, comme le loup, le coyote, le renard et le chacal [...]. Plusieurs espèces d'oiseaux, dont l'oiseau moqueur, s'engagent pour la vie. Mais la femelle se sépare de son compagnon quand les jeunes ont quitté le nid [22]. »

Deux cas de figure dominent cette forme d'union : *la monogamie permanente* semble plutôt le fait des prédateurs, sur qui ne plane aucune menace, ce qui offre aux partenaires un plus long temps passé ensemble ; *la monogamie temporaire* dure en général le temps de l'élevage des petits, c'est-à-dire une saison chez les oiseaux. Elle a alors essentiellement une fonction pédagogique et d'accompagnement. La monogamie des prédateurs semble favoriser la relation du couple et peut-être, en termes humains, l'union intime et sexuelle ; la monogamie saisonnière est plutôt organisée autour de l'élevage des petits et du lien familial.

La monogamie est ainsi fondée sur le lien qui unit deux individus autour des notions de reproduction et d'élevage. Mais de nombreuses questions se posent quant à cette définition : l'union monogame – chez l'homme ou les animaux– est-elle une forme sociale ou une tactique de reproduction ? Peut-il exister une monogamie non féconde ou seulement affective ? Le lien émotionnel peut-il suffire ? L'accouplement exclusif est-il suffisant pour parler de monogamie ? Pourquoi pas seulement la descendance ? Ou encore le maternage parental ?

La définition humaine de la monogamie emprunte le même chemin : elle est la « condition du mariage où l'homme épouse une seule femme [23] ». C'est alors le sens du verbe *épouser* qui détermine les termes du mariage puisque, dans toutes les cultures, la condition première est l'union charnelle, supposée féconde. Wickler nous en donne une définition plus rigoureuse : « Ne sont monogames, au sens strict, que les animaux qui restent liés à leur partenaire même quand les glandes reproductives sont inactives (par exemple en hiver) et que toute activité sexuelle disparaît [24]. » Cette définition soulève un paradoxe : chez l'homme, l'activité sexuelle se prolongeant toute la vie, la monogamie ne peut donc être démontrée !

Les exemples sont nombreux de monogamie animale, plus ou moins durable. La monogamie temporaire est le cas le plus fréquent chez les oiseaux où, lors de la saison de reproduction, on observe la formation de nouveaux couples qui restent ensemble le temps de cette période, donc pour l'élevage des petits, puis qui se séparent et forment un autre couple la saison suivante. L'analogie est facile chez les humains avec les couples qui restent ensemble le temps de l'élevage des enfants. Mais il ne s'agit que d'une analogie !

La monogamie permanente

La monogamie durable, c'est-à-dire renouvelée plusieurs saisons avec le même partenaire, voire parfois toute une vie, est assez rare. Elle s'observe chez les grands rapaces, mais aussi chez les perroquets où chaque couple montre dans son attachement prolongé une grande tendresse réciproque, mâle et femelle se témoignant l'un à l'autre mille soins attentifs et délicats. C'est aussi dans ce groupe que nous trouvons les « inséparables », ces perruches dont mâles et femelles font des couples fusionnels permanents, très appréciés des humains pour leur valeur fétiche porte-bonheur, comme s'il suffisait d'afficher un symbole de l'union pour conjurer toutes les défaillances.

Les mésanges nous offrent un autre exemple de monogamie permanente et de fidélité pour toute une vie. Les jeunes s'apparient avant même leur mue adulte et se reconnaissent à la couleur de leur bec : orange pour le mâle, presque noir chez la femelle. Les jeunes « dorment serrés l'un contre l'autre, le plumage hérissé en boule [...]. La jeune mésange mâle concentre bientôt son espièglerie sur une femelle déterminée [...] deux ou trois jours plus tard, tous deux passent la nuit ensemble [25] ». À partir de ce moment ils ne se quittent plus, dormant serrés l'un contre l'autre et non avec leurs frères et sœurs, faisant ensemble la toilette, le bain, cherchant la nourriture, se lissant mutuellement le plumage. Chez de nombreuses espèces d'oiseaux, des couples stables se forment ainsi bien avant la maturité sexuelle. Deux mois plus tard survient la mue qui modifie leur relation de couple. Ils ne se séparent pas, mais ne sont plus autant attachés l'un à l'autre. La rencontre d'un congénère n'occasionne plus les querelles jalouses des premiers temps, mais ils continueront toute la vie à rester proches l'un de l'autre et à dormir ensemble. On pourrait dire qu'ils parviennent à un état d'équilibre proche de l'amitié amoureuse. Il aura fallu pour cela qu'ils se reconnaissent et s'unissent avant la puberté, leur lien semblant alors indissoluble. Ils se reconnaissent à la voix, et se retrouvent, même s'ils sont éloignés. Si l'un meurt, l'autre, affolé, le cherche, s'angoisse, sursaute au moindre cri, et finit parfois par s'unir à nouveau, mais cette union ne sera pas aussi forte et ne se fera qu'avec une mésange elle-même veuve.

À quoi sert la monogamie ?

C'est la naissance du couple dans l'état de nature dont nous sommes en train de chercher les prémices. On peut s'interroger en termes de fonctionnalité : quel avantage aurait un mâle à rester avec une seule femelle, alors qu'il en domine plusieurs dans un harem gorille, qu'il s'accouple successivement avec toutes les femelles disponibles dans les grandes troupes de chimpanzés ou avec les femelles de passage comme chez l'orang-outan ? Quel attrait, quel argument, peut avoir une femelle pour capter l'attention d'un mâle et le résoudre ou le contraindre à la règle de l'exclusivité ? Un argument de l'un a-t-il rencontré une nécessité de l'autre pour imposer la monogamie comme solution mutuelle à des problèmes différents ?

La biologie raisonne en termes génétiques parce que le monde animal est animé d'une logique de survie des espèces et par la nécessité pour chacun de se reproduire au mieux, c'est-à-dire en adoptant la stratégie la plus favorable à la diffusion de ses gènes. À ce titre, la polygynie et le harem semblent les stratégies les plus efficaces puisque la multiplication des partenaires peut permettre la multiplication de la descendance, mais aussi la domination d'un territoire plus vaste comme chez l'impala, cette antilope africaine dont les mâles rivalisent entre eux pour avoir une forte influence sur une horde de femelles et le territoire qu'elles occupent.

Le mâle protecteur possède à la fois le territoire des femelles et le droit de s'accoupler, c'est-à-dire de reproduire ses gènes à travers elles. Territoire et droit à la reproduction sont les gains naturels de la polygamie.

Si la monogamie semble plutôt défavorable d'un point de vue adaptatif – moindre reproduction et domination d'un territoire plus restreint pour le mâle, moindre possibilité de diversifier sa descendance pour la femelle –, elle n'est pas sans avantages, le premier étant d'apporter soin, éducation et protection à la progéniture, ce qui va dans le sens d'une stratégie de reproduction plus efficace, puisque la protection de la descendance est une assurance plus solide de perpétuation des gènes par une meilleure survie de la lignée.

Chez les mammifères supérieurs, et tout particulièrement chez les primates, les mâles participent pour une part – souvent importante – aux soins de maternage, même si l'on n'est pas en monogamie. Chez les mammifères, et les oiseaux monogames, les deux parents nourrissent les jeunes et les protègent efficacement en se partageant les tâches d'éducation. On pourrait penser que la monogamie saisonnière suffit pour élever une portée, même si chacun fonde une nouvelle famille la saison suivante. Plusieurs auteurs ont pu montrer que la monogamie de longue durée, avec les liens qu'elle implique et l'expérience qu'elle procure, est bien plus favorable à l'élevage des petits parce qu'elle permet d'amener plus de jeunes à maturité.

La paternité

L'association couple-maternage suppose un troisième facteur : la reconnaissance de la paternité, phénomène aussi rare que la monogamie, puisqu'il en est curieusement la cause ou la conséquence. Chez les mammifères, la grossesse est cachée dans le ventre de la femelle et ne permet pas de faire de lien entre une copulation et la naissance qui en est l'aboutissement quelques mois plus tard. En l'absence de signe extérieur de début de grossesse, il ne peut y avoir reconnaissance de la paternité, ce qui exclut l'idée de couple et celle de famille.

Tout autre est le monde ovipare, et notamment celui des oiseaux, où l'accouplement est rapidement suivi d'une ponte révélatrice, comme si, par ce signe extérieur, la femelle disait : « C'est lui le père ! » Cet œuf me semble une raison possible d'explication de la très fréquente monogamie des oiseaux. Le couple ainsi désigné par la ponte devient gardien de la progéniture (mot savant dérivé de *pro-générer* : pour mettre au monde[26]).

Mais par ailleurs, si une monogamie s'installe pour une tout autre raison, elle aura la même conséquence : assurer une paternité chez des espèces à la grossesse cachée, comme les mammifères. En effet, la présence permanente d'un mâle auprès de la femelle et sa fidélité copulatoire sont une assurance suffisante pour faire de ce mâle le père des nouveau-nés. Cela n'a cependant aucun rapport avec la reconnaissance morale de la paternité, qui n'existe pas chez les mammifères et qui semble une notion très récente dans l'histoire de l'humanité (Haute-Égypte pour l'Occident, beaucoup plus récemment dans les sociétés de la tradition). La monogamie a donc deux avantages : mieux assurer le développement de la lignée et renforcer la paternité, qu'elle soit connue ou non.

La vie à deux

La monogamie entraîne d'autres conséquences en termes de fécondité, de sexualité, d'attachement et de fidélité. Dans la plupart des cas, on se rend compte que ce n'est pas l'activité sexuelle ni l'obligation de reproduction qui fonde le lien conjugal. On sait par exemple combien la monogamie perdure au-delà des périodes amoureuses de copulation, mais aussi combien les femelles des primates copulent en dehors des périodes de fécondité. C'est le cas des couples de gibbons, qui restent longtemps ensemble, mais ne s'accouplent que pendant de brèves périodes, tous les deux ou trois ans. À l'opposé, les anthropoïdes, nos cousins chimpanzés, gorilles et orangs-outans, qui sont tous polygynes et qui n'ont plus d'œstrus, de période de chaleur, sont réceptifs pendant toute la durée du cycle menstruel. Les accouplements peuvent alors survenir à n'importe quel moment, et pas nécessairement en période féconde. La monogamie ne s'accompagne pas d'une plus grande disponibilité sexuelle – bien au contraire. Le couple « monogame » des primates n'apparaît donc ni strictement lié à la sexualité, ni obligatoirement à la fécondité.

Alors pourquoi deux êtres de sexe différent, mais de même espèce, se mettent-ils ensemble et le restent-ils ? On ne peut formellement exclure l'attirance ou même des sentiments de l'un envers l'autre, mais nous n'en avons aucune preuve puisqu'ils ne communiquent pas avec nous. La fidélité au partenaire, parfois même au-delà de la mort, comme chez l'oie cendrée, constitue une énigme et un défi à notre compréhension. On retrouve cette fidélité chez le chevreuil où l'attachement fort du broquart pour la chevrette forme un couple uni à vie qui trouve une surprenante réplique dans leur progéniture, composée de deux faons, un mâle et une femelle. Les soins attentifs de deux parents monogames favoriseraient-ils la naissance de jumeaux ? C'est le cas chez le ouistiti, ce petit singe du nouveau monde dont la femelle ne fait presque que des jumeaux.

On a pu encore supposer que le lien d'attachement au partenaire pouvait n'être qu'un effet indirect de l'attachement à un territoire ou à un site particulier [27]. Il est souvent très difficile de décider, car les deux facteurs ne sont pas exclusifs l'un de l'autre.

En monogamie se développent des activités à deux qui augmentent la cohésion du couple : ce sont des activités auxquelles un individu ne se livre qu'avec son conjoint ou de très proches parents. C'est le cas du chant, des soins corporels, de l'épouillage ou *grooming*, et des soins donnés aux enfants. Chez les oiseaux, le duo chanté est un signe de reconnaissance du couple monogame permanent. Dans les espèces où le sexe n'est pas reconnaissable, ce duo indique qu'il s'agit d'un mâle et d'une femelle. Ils chantent à l'unisson ou alternativement en échos qui se répondent. Selon les espèces ces duos sont ritualisés ou spécifiques à chaque couple, codifiés ou inventés. L'oiseau flûteur d'Éthiopie, par exemple, combine des mélodies complexes, reprises à des moments précis par son partenaire [28]. Et c'est un véritable répertoire d'amour que nous proposent les grues, les pies et toutes sortes d'oiseaux qui montrent ainsi la complémentarité de leur union.

Ces duos existent encore chez d'autres monogames plus proches de nous comme le langur des îles Mentawei ou le siamang, ce cousin éloigné, grand gibbon monogame de Sumatra dont le mâle et la femelle échangent des vocalises et mêlent leurs voix amoureuses dans la chaleur d'une forêt protectrice : « Chaque couple de gibbons se livre à une proclamation quotidienne de son territoire par un chant poussé d'une voix forte et accompagné d'acrobaties, pour démontrer leur force. Le grand appel de la femelle domine la première demi-heure du matin. C'est un thème brillant qui dure vingt secondes ou plus et qui se répète toutes les deux ou cinq minutes [...]. Les courtes phrases musicales du mâle, qui varient selon les espèces, peuvent intervenir à un moment donné du grand appel, lui servir de code, ou se répartir entre plusieurs grands appels [29]. » Comme chez les oiseaux tropicaux, ces duos sont des signes indirects de monogamie.

Une première conclusion

Dans cette rare monogamie animale, nous distinguons deux grandes attitudes : *la monogamie saisonnière* des oiseaux, la plus répandue, qui débute au printemps avec la formation des couples sous l'influence des attracteurs physiques déclenchant la pariade, l'ovulation et le coït – elle dure le temps de la couvée et de l'élevage, c'est-à-dire une saison ; et *les monogamies durables*, plus rares, observées chez les grands prédateurs – félins, rapaces – ou chez certains oiseaux. Les monogamies temporaires ont pour seule raison d'être l'union féconde et le soin des petits. L'ovulation valide le couple et assigne les conjoints au rôle de parents pour le temps de l'élevage. Les unions non fécondes ne donnent lieu à aucune suite. Seul le leurre d'un « œuf blanc », œuf pondu mais non fécondé, peut un temps faire illusion, le temps de s'apercevoir qu'il ne contient aucune progéniture et que le couple n'a plus de raison d'être. Chez les humains, on nomme parfois cela « grossesse nerveuse ». Les monogamies durables s'accompagnent toutes d'une grande attention au conjoint : sollicitude, soin, tendresse. Elles nécessitent une grande disponibilité, uniquement possible chez les prédateurs, libres de menaces, ou lorsqu'il existe une forte empreinte liant les individus pour la vie, comme dans l'attachement prépubère que l'on observe chez les oiseaux. Ces grandes lignes méritent d'être relativisées et augmentées, car le modèle est plus complexe.

Complexité

Il nous est difficile d'imaginer la variété des modes d'appariement au sein de la monogamie. Dans de nombreuses espèces, les individus adultes sont ensemble, par paires hétérosexuelles, mais ils changent la plupart du temps de partenaire entre les périodes de reproduction, ce sont des monogamies en série. Si l'on s'en tient à une définition stricte de la monogamie comme « union avec un seul partenaire », la *monogamie en série* est une polygamie, et, pour certains auteurs, cette monogamie en série est impossible à distinguer de la polygamie successive [30]. On pourra seulement invoquer le rythme plus ou moins rapide du *turnover*, à l'image du quadrille où l'on change de partenaire toutes les trois minutes ! Cette mono-poly-gamie en série est seulement distincte de la polygamie simultanée (ou harem) et de la polygamie en série qui supposerait qu'un mâle renouvelle l'ensemble de son harem entre les périodes de reproduction, ce qui ne se voit pas non plus. Le harem et la polygamie sont donc des formes sociales plus stables que la monogamie.

On observe souvent des unions plus brèves, des rencontres avec un(e) inconnu(e) de passage, que certains auteurs ont voulu assimiler à une courte monogamie [31]. Mais ici le concept a ses limites, car cette union, si elle est féconde, ne donne lieu à aucune pérennité du couple ni élevage de la descendance. Ces unions au hasard sont fréquentes, notamment chez les primates, et ont une fonction stimulante de l'ovulation, peut-être même du désir si l'on parle en termes humains et si l'on pouvait partager leur vécu.

Les marques de réceptivité des femelles primates, que sont les boursouflures de la région génitale, ne sont pas nécessairement en relation avec l'ovulation mais plutôt avec leur état hormonal qui signe leur disponibilité sexuelle dont on ne connaît pas bien les déclencheurs, sinon l'un d'entre eux : qui est la survenue d'un mâle inconnu. Si l'on place un bel inconnu à ses côtés, on voit se développer en une nuit l'attirante peau sexuelle d'une jeune guenon chimpanzé, comme les femelles langurs, ces singes barbus des forêts indiennes qui font des avances et s'accouplent avec les intrus et tous les étrangers au groupe. Le phénomène de nouveauté ici semble jouer sur l'attrait amoureux. Mais ce n'est pas une nouveauté !

Enfin, la monogamie peut être un comportement individuel au sein d'un groupe polygame. Chez les babouins, qui vivent en troupes polygames, certains individus ou groupes d'individus forment des couples durant de brèves périodes où l'activité sexuelle est aussi intense que la tendresse avec le partage d'une vie commune. Il semble ici que le fait de maintenir le lien à l'autre après un premier accouplement relève d'un choix individuel car les congénères alentour poursuivent leurs unions « au hasard », ou tout au moins avec de multiples partenaires. Ces modes d'union apparaissent très complexes, car ils sont fixés par l'hérédité mais laissent néanmoins une marge de liberté au comportement individuel. Chez les humains, le choix initial est très certainement prédéterminé mais ensuite remodelé par les valeurs culturelles.

Lignage et pouvoir

Le choix du partenaire n'est jamais le fait du hasard, mais celui des règles sociales, des conventions et de ce que l'on pourrait nommer *la conscience de classe*. La plupart des espèces animales sont socialement très organisées, au premier rang les primates, avec des règles précises, apprises et connues de tous les membres du groupe, par exemple en matière de hiérarchie et de rang d'accouplement [32].

Chaque sujet a un rang social et le respecte. Le rang dépend du sexe, de l'âge, de la taille, de la force physique mais aussi de l'ordre de naissance et du rang social de la mère. Le groupe est ainsi hiérarchisé par des règles complexes issues de l'histoire de chacun et de leurs interactions dans le groupe. Les animaux les plus agressifs établiront naturellement des relations de dominance vis-à-vis des dominés et accapareront les sources alimentaires, les meilleurs emplacements de cueillette, le lieu idéal pour dormir et les femelles qui leur conviennent. Cet individu dominant agressif, en général un mâle, qui se fait respecter à coups de bec, de griffes ou d'ongles est en position « alpha ». Au-dessous de lui, un sujet « bêta » régit l'ensemble du groupe. C'est un « sous-chef » qui fait respecter la loi du tyran et soumet, par la force si besoin, les individus inférieurs. Selon cette hiérarchie, chacun possède un territoire qui représente un enjeu dans les relations sexuelles et la formation éventuelle du couple. Chez les singes terrestres vivant en savane – macaques d'Asie ou babouins africains –, les rapports sont complexes avec plusieurs classes sociales, également hiérarchisées : « Un mâle dominant, responsable de la conduite du groupe, et qui monopolise les femelles, est flanqué de mâles adultes de différents rangs. Cette caste de “seigneurs” est entourée par les femelles adultes, elles-mêmes hiérarchisées, et qu'accompagnent leurs jeunes non indépendants. Enfin, la classe inférieure se compose de mâles subadultes [33]. »

Chez les primates, la relation sexuelle est devenue le moyen de tisser et de maintenir des relations sociales [34]. L'acceptation d'un mâle par une femelle a toujours un sens au sein du groupe et en fonction de la hiérarchie, selon qu'elle est ou non respectée. Une femelle pourra choisir un mâle qui lui semble socialement favorable et physiquement adapté à assurer sa descendance. Elle constituera ainsi un couple avec le mâle de son choix, si l'on est en monogamie. Cette notion de choix semble réellement exister, car on a observé, chez les babouins, des femelles en couple avec un mâle avant la conception qui vont en rejoindre un autre, de façon durable, après l'accouchement. Cela s'observe également dans l'espèce humaine : une femelle choisit le meilleur géniteur possible puis le meilleur père d'éducation pour son enfant. C'est ce que l'on appelle une mère préventive !

Cette distinction entre couple et famille avait déjà été remarquée par un auteur allemand, Deegener, en 1918, qui séparait clairement ce qu'il nommait *monogamie* comme dimension conjugale et le complexe père-mère-enfant issu d'une monogamie [35]. L'idéologie du couple judéo-chrétien justifiait cet anthropomorphisme.

Absence - séparation - divorce

Le lien de couple résiste-t-il à l'absence du congénère ? Certains éthologues ont étudié les comportements d'attente lors de l'absence du partenaire et la période au bout de laquelle l'animal cherchait un nouveau compagnon. Ce cas de figure se présente souvent chez les oiseaux, au cours des périodes migratoires ou en raison de l'alternance des rôles parentaux. L'« intervalle de confiance », qui est de trois mois chez le pingouin empereur et vingt jours chez la perruche, n'est que de dix minutes chez le cichlidfish. Le lien de couple, qui est renforcé par la présence du partenaire, semble être affaibli par son absence, et profondément dépendant de l'état occupationnel du couple, au moment de la couvée ou au cours de l'élevage, ce qui rapproche les deux parents. Si le couple n'est pas fécond, si le partenaire est trop absent ou longtemps absent, mettant en péril la reproduction, un nouveau couple se forme (fig. 7, p. 167). Ces cas de perte d'attachement et de ré-union se font dans la seule perspective de l'élevage de la lignée. Chez le pigeon ramier, qui pratique une monogamie durable, le taux de séparation est élevé (25 %), la plupart du temps pour cause de stérilité. Ceux qui ont eu des petits au cours d'une année, dont le couple a été fécond, se retrouvent en général la saison suivante. Wickler a ainsi identifié quatre situations qui lui paraissent battre en brèche la fidélité et remettre en cause l'union du couple [36] :

– le partenaire est présent mais non répondant, comme s'il dormait ou était mort ;

– le partenaire est présent, vivant, mais opposant (l'élevage en échec peut conduire à un changement de couple) ;

– le partenaire est absent, sans alternative possible (le lien de couple subsiste quelques mois) ;

– le partenaire est absent, avec alternative (la décision d'accepter ou de rejeter un nouveau partenaire dépend uniquement de la persistance ou non d'une mémoire du conjoint).

Nous sommes ici dans la réalité animale du couple, mais rien ne s'oppose formellement à ce que nous puissions réfléchir aux difficultés des humains en partant de cette modélisation de la *rupture* qui reprend l'observation de nombreuses espèces animales.

La durée de la relation du couple monogame est souvent rapportée à la durée de vie des partenaires, dans la mesure où l'on présuppose une union pour la vie, c'est-à-dire jusqu'à la mort. Ici aussi notre anthropomorphisme n'est pas étranger à cette vision romantique d'une union fusionnelle qui se poursuivrait par-delà la mort. Cette « fidélité éternelle », témoin s'il en fallait d'une monogamie idéale, a été observée par Heinroth dès 1911, puis par Lorenz [37] chez l'oie cendrée. Lorenz a décrit la fidélité sexuelle de ces oies après la mort du partenaire, sans qu'aucun facteur ne puisse expliquer cette préférence au-delà de la mort, sinon une fixation mentale au partenaire idéal disparu, mémoire de l'empreinte.

La prudence doit être de mise pour tout ce qui semble valider ou justifier les comportements humains car *notre narcissisme est naturellement autosuffisant*.

Mode unisexe

Cette rare monogamie animale qui nous intéresse pour comprendre les fondements du couple humain présente une grande diversité de formes, mais surtout deux caractères spécifiques que l'on retrouve chez tous les primates monogames : une nette tendance au *monomorphisme* et un *partage* des tâches et du territoire.

Un trait physique domine les espèces monogames : leur monomorphisme, c'est-à-dire il est difficile de distinguer le mâle de la femelle, alors que dans le monde polygame cette distinction est manifeste. En 1881, dans *La Descendance de l'homme* [38], Darwin avait déjà remarqué cette relation de la monogamie à l'égalité de taille entre les sexes et de la polygamie à l'inégalité. C'est vrai de toutes les espèces, où la compétition des mâles pour accéder aux femelles impose une rivalité qui sélectionne les individus les plus grands, les plus forts, et qui aboutit à une grande différence de taille, d'aspect et de couleur entre le mâle et la femelle.

À l'opposé, dans les espèces monogames règne une quasi-absence de compétition puisque chaque mâle est apparié avec une seule femelle. La rivalité n'est plus de mise, et les différences s'atténuent. Le couple monogame est alors curieusement homogène, le mâle et la femelle étant parfois impossibles à distinguer l'un de l'autre : même aspect, même taille (monomorphisme), même couleur de pelage (homochromie). Sarah Hrdy ajoute que, « libérés jusqu'à un certain point de la compétition avec des rivaux du même sexe, mâles et femelles tendent l'un comme l'autre à se rapprocher du type qui convient le mieux à leur environnement [39] ». Il est certain que la robe des tamarins ou des oustitis est plus adaptée au milieu environnant que les puissantes couleurs rouge et bleu du grand mandrill de la savane africaine.

Ce monomorphisme s'accompagne souvent d'un paradoxal dichromatisme sexuel, c'est-à-dire d'une couleur du sexe qui distingue fortement le mâle de la femelle, par exemple noir pour le mâle et fauve clair pour la femelle chez le gibbon. On peut penser que ce dernier signal permet d'éliminer toute source d'erreur sur le sexe du partenaire avant l'accouplement, alors qu'il n'existe plus de signe extérieur de reconnaissance puisque mâle et femelle sont trop semblables.

Cette atténuation des différences qui marque les groupes monogames est différemment prononcée selon que ces espèces sont dans la tradition de la monogamie depuis plus ou moins longtemps. Chez le singe de Brazza, qui est un « nouveau monogame », le mâle est encore un peu plus grand que la femelle. On peut penser qu'au fil des générations cette différence pourra disparaître.

Si l'on s'en tient à cette règle, l'espèce humaine est sans aucun doute une espèce d'origine polygame, puisqu'il n'y a aucune difficulté à identifier un mâle d'une femelle. On peut s'interroger sur la récente tendance des Occidentaux à l'uniformisation des sexes, à l'atténuation des formes, tendance androgyne, et d'une mode unisexe qui mêle les « garçonnes » et les hommes « efféminés ». Ne traduit-elle pas une tendance inconsciente à la monogamie ? L'espèce humaine semble programmée pour une compétition polygame ; si elle veut vivre de façon monogame, il lui faut conjuguer les éléments de cette différence pour fonder la monogamie sur des valeurs culturelles. Il est des monogamies de nature et des monogamies de culture.

À côté du monomorphisme, le partage des tâches et du territoire est une constante nouvelle qui, chez les primates, accompagne toujours la monogamie. Il est vrai que les modes de vie des primates monogames sont tous très semblables : ils vivent tous en forêt tropicale « sur de petits territoires que les deux partenaires défendent à égalité. Les mâles investissent dans leur progéniture soit directement en portant les petits, soit en apportant de la nourriture à la mère et aux petits en même temps [40] ». Ce partage est une nouveauté qui n'existe pas dans la vie polygyne, où chacun subvient à sa propre subsistance. Il est porteur de symboles et peut-être déjà de valeurs qui seront celles de l'humanité.

Chez les indris, ces grands lémuriens monogames des forêts malgaches, les mâles s'effacent, et mangent moins que les femelles auxquelles ils réservent les meilleurs aliments ainsi qu'à leurs petits. Leur attitude est dominée par la vigilance et une présence constante auprès de la femelle et de sa portée. Vigilance, permanence, présence, amour, surveillance, jalousie : le mâle est attentif aux petits et veille jalousement sur sa possible lignée en étant attentionné envers sa femelle qu'il ne quitte pas. L'image archétypale du couple monogame est enfin celle du titi, ces petits singes d'Amérique centrale qui restent pendant des heures côte à côte, enlacés par la queue. Ils contribuent à la défense de leur territoire, à la quête de la nourriture et à l'élevage des enfants. Le premier avantage de la monogamie est de faire plus à deux que seul, notamment en ce qui concerne l'élevage des petits et la défense du territoire.

Homosexualité ?

Existe-t-il une monogamie homosexuelle en milieu naturel ? De nombreux auteurs ont tenté d'y répondre, mais encore faudrait-il s'entendre sur le terme. L'homosexualité se définit comme l'orientation adulte stable du désir sexuel vers des individus de même sexe. Cette définition a le mérite de ne pas appeler homosexualité les comportements homoérotiques des jeunes prépubères qui s'entraînent aux réactions sexuelles avec des congénères du même sexe [41]. Par commodité on distingue l'homosexualité exclusive des homosexualités occasionnelles ou relatives, c'est-à-dire non exclusives d'hétérosexualité.

Des comportements d'apparence homosexuelle sont fréquemment observés par les éthologues dans tous les groupes animaux, la plupart du temps dans des séquences bien reperées d'apaisement du congénère de même sexe par une attitude de soumission, suivie d'une monte, en général symbolique, c'est-à-dire d'un simulacre du coït, qui apaise l'agressivité et ramène le calme dans le groupe. Il ne s'agit donc pas à proprement parler d'homosexualité, mais d'un rituel qui utilise la symbolique sexuelle comme code social. On a pu cependant observer quelques cas de couples de même sexe, par exemple chez les bonobos, chimpanzés nains, où les femelles restent parfois longtemps ensemble. Mais quelle est la motivation de ces très proches singes avec qui nous ne communiquons pas ? Chez les babouins prépubères les jeunes ont d'intenses activités sexuelles, « ils se livrent à la masturbation et à l'homosexualité [42] », nous dit Freedman. Il s'agit en fait de l'apprentissage en groupe de l'autoérotisme (masturbation) et de l'homoérotisme, appelé à tort homosexualité, puisque ces pratiques maturatives disparaissent à la puberté lorsque s'installent les rapports hétérosexuels dont ils étaient une prémice.

À l'exception de quelques rares observations isolées, on ne connaît pas d'exemple de monogamie homosexuelle stable en milieu naturel.

Seconde conclusion

Au terme de ce voyage en monogamie, il nous faut retenir quelques points essentiels transposables au modèle humain.

La proportion de monogamie (4 % des espèces mammifères, 18 % des primates) permet de penser à une augmentation progressive chez les primates, d'un mode de vie favorable au groupe, notamment par l'avantage adaptatif qu'il représente pour l'élevage de la descendance. La monogamie est ensuite très diverse dans ses modalités, elle n'est pas seulement synonyme de relation de couple exclusive et de longue durée. Mâles et femelles peuvent accepter les avances de partenaires extérieurs, mais la majorité des accouplements a lieu dans le couple. La première conséquence est, pour le mâle, une forte probabilité de paternité et, pour la femelle, l'assurance d'une présence éducative à ses côtés.

Quelques hypothèses ont été formulées quant à son origine. Wilson énonce trois conditions qui faciliteraient la monogamie : 1- des conditions physiques de vie si difficiles qu'elles ne peuvent être affrontées seul ; 2- un territoire exigeant deux individus pour le défendre ; 3- une situation favorisant les couples préexistants. Toutes ces conditions font découler la monogamie d'une nécessité d'entraide dans des conditions difficiles [43].

Wittenberger et Tilson formulent, quant à eux, cinq hypothèses. Il y a monogamie : 1- lorsque la présence du mâle est indispensable à la reproduction et à l'élevage ; 2- lorsque l'accouplement à un mâle célibataire est plus avantageux qu'à un mâle déjà en couple ; 3- lorsque l'accouplement avec une seule femelle est plus productif ; 4- lorsque la jalousie des femelles empêche un mâle d'avoir deux femelles ; 5- lorsque les mâles vivent moins bien avec deux femelles qu'avec une seule. Ces deux auteurs estiment que les hypothèses 2, 3 et

4 suffisent à expliquer tous les cas de monogamie chez les mammifères [44].

Si l'on reprend l'ensemble des modèles proposés, les différents types d'union ont des liens entre eux. Dans certaines conditions du milieu, la monogamie peut évoluer en polygamie puis en agamie, forme du célibat. La monogamie permanente n'est donc pas l'aboutissement de l'évolution, elle en est une étape possible, un état d'équilibre selon les impératifs des populations et du milieu environnant. Fedigan a ainsi bien montré le lien des styles d'union au milieu et au mode de vie (fig. 2) [45]. Les primates monogames semblent diurnes et omnivores !

A- PRIMATES NOCTURNES.
(Galagos) groupes polygames dispersés.

B- PRIMATES ARBORICOLES DIURNES VÉGÉTARIENS.
(Langurs) polygames.

C- PRIMATES ARBORICOLES DIURNES OMNIVORES.
(Gibbons) fréquemment monogames, souvent en groupe.

D- PRIMATES SEMI-TERRESTRES VÉGÉTARIENS.
(Langurs, gorilles) habituellement polygames (harems).

E- PRIMATES SEMI-TERRESTRES VÉGÉTARIENS.
(Babouins, macaques, chimpanzés)
grands groupes multi-mâles/multi-femelles.

F- PRIMATES DES PAYS ARIDES.
(Patas, geladas, hamadryas) tous polygames.

G- PRIMATES TERRESTRES OMNIVORES.
(*Homo sapiens*) en général polygame parfois monogame.

FIGURE 2. – *Mode de vie et organisation sociale des primates* (d'après Fedigan, 1982).

John Eisenberg, quant à lui, a imaginé un ancêtre monogame commun aux singes du Nouveau Monde et aux prosimiens qui aurait transmis cette tradition et permettrait d'expliquer ce mode monogame d'union préférentielle chez les primates américains.

On peut enfin penser que les prémices de cette union ont pu apparaître sous la forme d'une monogamie temporaire permettant l'élevage d'un enfant, c'est-à-dire pendant quatre ou cinq ans, puis par une monogamie temporaire en série, qui constitue l'un des modes relationnels les plus largement répandus dans l'espèce humaine.

Les modèles animaux nous sont nécessaires pour comprendre la part du naturel dans nos comportements. Gardons-nous cependant de les déformer, de les utiliser ou de les manipuler. Buffon nous mettait déjà en garde il y a près de trois siècles : « Une mouche ne doit pas tenir, dans la tête d'un naturaliste, plus de place qu'elle n'en tient dans la nature [46]. »

3

CULTURE

L'humanité [...] est une entreprise surhumaine.

Jean Giraudoux, *Intermezzo* [1].

« Le mariage ne dérive point de la nature [...] l'homme est l'administrateur de la nature, et la société vient se greffer sur elle. Les lois sont faites pour les mœurs et les mœurs varient. Le mariage peut donc subir le perfectionnement graduel auquel toutes les choses humaines paraissent soumises [2]. » Ces mots, qui ouvrent la *Physiologie du mariage* de Balzac, sont de Napoléon, et ils ont été prononcés lors de la discussion autour du Code civil qui eut lieu au Conseil d'État. Le grand stratège militaire affirme la volonté humaine de « maîtriser » la nature et de s'instaurer démiurge en perfectionnant le mariage – comme on déciderait d'un progrès technique. Mais il est vrai qu'à l'origine de l'homme ce sont les premières lois qui, en instaurant les règles du mariage, ont fondé l'humanité. Ces règles sont universelles et au nombre de trois : 1) le renoncement aux instincts ; 2) la prohibition de l'inceste ; 3) l'union féconde d'un homme et d'une femme.

Rousseau, Freud et Lévi-Strauss ont successivement posé des jalons qui, en marge de l'humanité, distinguent notre territoire de celui du monde animal, comme si nous n'en faisions pas partie. Dans le *Contrat social*, Rousseau oppose « la voix du devoir » à « l'impulsion physique » qui caractérise, pour lui, l'état de nature et pose comme fondement de l'humain la domination de la volonté sur les instincts. Deux siècles plus tard, Freud précise que « toute culture repose sur [...] le renoncement aux instincts [3] ». Parmi ces instincts, l'inceste, le cannibalisme et le meurtre. C'est enfin Lévi-Strauss qui verra dans la prohibition de l'inceste le moment décisif du passage de la nature à la culture par la codification d'un échange des femmes entre les groupes humains, et donc selon la parenté [4]. Ces trois positions théoriques, qui étaient évidemment justes en leur temps, méconnaissent cependant une réalité animale alors ignorée, et fondent leur pensée sur des présupposés de l'opposition nature/culture. On sait aujourd'hui que ces règles préexistent en milieu naturel chez de nombreux mammifères et chez les primates qui nous sont proches.

À l'état de nature, le tabou de l'inceste se nomme *évitement* et consiste en un ensemble de règles apprises qui évitent la relation incestueuse de premier et de deuxième degrés. Chez les primates, les jeunes mâles, et parfois les femelles, quittent leur groupe d'origine à la puberté, pour faire alliance avec un autre sang. Par ailleurs la mère, elle-même, met les jeunes mâles à distance, dès que leurs comportements deviennent ambivalents. Si surprenant que cela puisse paraître, ces groupes primates ont une grande conscience de la parenté et des relations sociales qui se font selon le rang de la mère puisque nous sommes en sociétés matrilinéaires [5]. Si l'on suit enfin l'idée de Freud en ce qui concerne le renoncement aux instincts, on pourrait même dire que cette règle est mieux respectée que dans l'humanité puisque le meurtre entre congénères n'existe pas, ni le cannibalisme. L'instinct sexuel, quant à lui, ne connaît de répression que dans le cas du mariage, mono- ou polygame, c'est-à-dire lorsque l'union durable avec un partenaire limite la sexualité qui ne lui est pas destinée. En cela les frontières de l'humanité sont bien fragiles car, si l'on maintient ces définitions – est humain celui qui ne tue pas, ne mange pas son prochain ou ne commet pas l'inceste –, alors nos cousins les primates sont des humains [6] !

Ces arguments affirment l'idée que les débuts de l'humanité n'ont pas changé grand-chose au mode de vie antérieur ; il n'y a pas eu un moment initial où aurait été fondée la civilisation, mais plutôt une pérennisation des traditions culturelles des primates par le nouveau code des humains : *le langage*. Si l'on n'accepte pas cette idée, il faut encore reculer les frontières de l'humain et dire que les critères d'humanité préexistaient à l'apparition de l'homme. L'acte fondateur des humains semble plutôt avoir été le langage avec ses propriétés de décrire et d'énoncer le social que la réalité des nombreuses règles de vies qui lui sont bien antérieures.

Aux origines du mariage

On retrouve le mariage dans ses grandes lignes, identique dans tous les groupes humains [7] : il s'agit de l'union sociale d'un homme et d'une femme, excluant les proches parents, et renonçant à l'expression libre de l'instinct sexuel en dehors du couple. Cette simple définition convient à tous les types d'unions, la polygamie par exemple n'est qu'une succession ou une simultanéité de mariages monogames, puisque rien dans cet énoncé de l'empêche. Les cultures de tradition monogame ne condamnent d'ailleurs pas la polygamie, mais la coexistence de deux liens maritaux.

En ce qui concerne la prohibition de l'inceste, les sociétés humaines ont des règles qui leur sont propres, certaines interdisant les alliances de quatrième degré, et d'autres comme l'Égypte pharaonique réprimant seulement l'union avec les géniteurs. Le mariage d'un frère et d'une sœur peut ainsi paraître incestueux, tandis que l'union avec une cousine éloignée, fille de la grand-tante, peut ne nous inspirer aucun interdit. Seule compte la tradition, c'est-à-dire l'ordre social.

Enfin, le renoncement aux instincts et à l'expression d'une libre sexualité, pour reprendre la règle freudienne si elle est universelle, se trouve contredit par des cérémonies-exutoires (comme les carnavals) qui ont une fonction sociale de régulation des pulsions et sont elles-mêmes légalisées par la tradition.

Pour stabiliser l'ordre social, l'humanité naissante a ainsi réglementé la sexualité à partir de normes et d'interdits. Comme chez les primates, où le sexuel constitue déjà une monnaie d'échange, un lien social [8], les premières sociétés humaines ont ordonné les relations sexuelles en relations sociales. L'ordre naturel a pris pour nom *mariage*.

On peut ainsi identifier trois types d'unions matrimoniales chez les humains :

– les sociétés traditionnelles ont codifié *les structures élémentaires de parenté* qui déterminent les conjoints possibles, partenaires autorisés ou interdits pour le mariage ;

– plus rarement, une *union rituelle* avec un dieu, un chef, un sorcier peut être imposée par la tradition ;

– enfin, dans la majorité des cas, *le mariage imposé* apparaît comme la forme la plus fréquente d'union maritale, toujours dans l'intérêt du groupe.

Cette mainmise du pouvoir social sur la relation duelle – mariage ritualisé ou imposé – est une constante, quelle que soit la forme de l'union, mono- ou polygame. Il est vrai, comme chez les primates, que la monogamie est peu répandue chez les humains. L'estimation de Murdock, en 1957, reste une observation de grand intérêt puisqu'une part des populations étudiées ont aujourd'hui disparu [9] (fig. 3). On peut remarquer qu'environ 75 % des cultures sont polygynes, 0,7 % polyandres, et le reste (seulement un quart) monogame. Les proportions ne sont guère différentes aujourd'ui, moins de 30 % des sociétés humaines étant de droit monogames. Encore une réalité méconnue.

Forme du mariage		%
monogamie	139	24,96
polyandrie	4	0,72
polygynie	414	74,32
Sociétés recensées	557	

FIGURE 3. – *La forme du mariage, sur un échantillon de 557 sociétés représentatives* (d'après G. P. Murdock, 1957).

Ce travail est maintenant ancien, et sa méthodologie serait à critiquer, mais il reste intéressant par la proportion relative des différentes formes du mariage à une époque où la mondialisation des cultures avait encore peu pénétré les sociétés de la tradition.

Les raisons d'être du couple humain sont très proches de celles de son homologue animal : assurer la reproduction et favoriser le lien éducationnel ; asseoir un pouvoir social, une emprise sur le territoire ; permettre d'échanger des biens et des femmes.

Quel que soit le droit, coutumier ou codifié, le fondement du mariage est toujours l'union charnelle, donc féconde et reproductrice. Le couple est destiné à assurer l'élevage des petits. Le mariage assure en outre une position sociale au conjoint.

Il ne faut pas oublier que le mariage reste très souvent un instrument de pouvoir dans les sociétés traditionnelles. Des stratégies d'alliance utilisent le mariage comme un moyen d'accès au pouvoir, politique ou économique, au service des mâles, renforçant encore le fait que la division du travail attribue toujours aux hommes la production des biens indispensables. On peut encore remarquer que le mariage traditionnel n'est pas un instrument égalitaire, il contraint plus la femme que l'homme, suivant en cela une règle universelle : la conduite sexuelle des femmes doit être surveillée, car leur sexualité libre est toujours dite dangereuse et subversive.

Les femmes deviennent ainsi des valeurs d'échange entre mâles, par exemple entre un père et un gendre, entre un frère et un ami – au même titre qu'un bien matériel. Sur ce point, les femmes baggaras, du Soudan, semblent privilégiées puisqu'elles possèdent leur propre bétail, mais en réalité elles n'en ont pas la jouissance car elles sont obligées de le laisser à la disposition de leurs frères et de le leur donner quand elles se marient. Le rite civil ou religieux du mariage comporte dès lors un transfert de biens, en général officialisé par une cérémonie rituelle en milieu traditionnel, et par un acte notarié dans les sociétés modernes.

Le mariage humain instrument de pouvoir, valeur d'échange, se décline comme son homologue animal, selon les cinq modalités d'appariement que sont le solitarisme, la promiscuité, la polygynie, la polyandrie et la monogamie. Il nous faut en faire l'état des lieux.

Le solitarisme

En termes humains, le solitarisme se nomme *célibat*, état que réprouvent toutes les cultures car contraire au fondement des sociétés humaines que répresente le mariage fécondant. Première caractéristique du célibat : la stérilité, qui permet de comprendre les seuls cas où il est accepté : avant le mariage ou après l'élevage d'une descendance.

Dans les sociétés traditionnelles, « une femme n'a pas sa place dans la vie en dehors du mariage », rappelle Françoise Héritier, qui reprend les termes de l'anthropologue américain Francis Hsu parlant de la Chine : « Le vieux garçon ou la vieille fille sont socialement perdus [10]. » Un impératif dominait la société chinoise traditionnelle : avoir la descendance la plus nombreuse possible. L'absence de postérité est alors un crime contre les ancêtres, autant que contre soi. Le célibataire n'a pas de statut social, il n'est pas une personne accomplie. Mais le célibat n'est jamais un choix, il s'apparente plutôt à une exclusion. Dans la plupart des sociétés, l'homme seul, l'homme sans descendance, est un être social sans importance, il est même parfois considéré comme dangereux.

Ce bannissement du célibat est en partie légitimé par des artifices cosmiques et des explications surnaturelles. Les Indiens ojibwas d'Amérique du Nord savent que rêver au Grand Lynx, ce démon jeteur de sort, peut empêcher tout mariage et confiner l'homme ou la femme dans le célibat [11]. Le rêve a toujours eu une utilité sociale.

Une explication mystique ou surnaturelle accompagne alors les seuls cas de célibat socialement acceptés, car liés à la religion. C'est ainsi dans certains monothéismes, comme le bouddhisme et le christianisme, qui justifient le célibat comme un état supérieur de l'être permettant d'atteindre la chasteté. Mais on sait combien les rationalisations sont le plus souvent destinées à masquer des réalités inconscientes ou inavouées. Les causes premières me semblent plutôt à rechercher dans des caractéristiques psycho-sexuelles. Le célibat non désiré peut être défini comme l'inaptitude à être approché par un congénère de sexe opposé, par défaut de comportements attractifs ou par excès de défenses et de signaux répulsifs à son approche. Cette inhibition primaire, ou inaptitude à la rencontre liée à l'émotion et aux sentiments contradictoires non maîtrisables, confine le jeune garçon ou la jeune fille dans un refus de toute approche. L'inhibition primaire est le fruit de l'histoire personnelle, elle n'a d'autre issue que la résignation dans une vie solitaire et refoulée ou la sublimation dans des valeurs spirituelles qui utilisent la libido à des fins non sexuelles.

Il me semble très logique de penser que la mystique traditionnelle a pu, dans un premier temps, donner un alibi surnaturel à la névrose-célibataire pour ensuite légitimer ce mode de vie des sujets inhibés par l'idéal de la chasteté – qui permet de transcender un comportement contraire à la loi fondatrice de l'humanité.

Ainsi, le Nouveau Testament reconnaît la légitimité des deux états du mariage et du célibat, en conférant cependant une valeur supérieure au second [12]. La chasteté est érigée en valeur suprême, maîtrise de l'éros, dépassement de la supposée convoitise du sexe. C'est le paradoxe qui anime le christianisme, et plus particulièrement le catholicisme, dont les valeurs vont à l'encontre du fondement de la vie : la procréation. État suprême : la chasteté ; degré inférieur : la continence dans le mariage. Ces deux seules formes d'union étant salvatrices – le célibat est une union avec Dieu –, la grande majorité du peuple, qui contribue au renouvellement de la vie, est dans le péché de la chair ! Le moins que l'on puisse penser est qu'il s'agit d'une philosophie de l'élitisme.

Si l'on reprend les Épîtres aux Corinthiens de Paul, texte inlassablement rappelé par l'Église pour justifier la modération sexuelle et encourager la chasteté, on voit bien que, pour cet apôtre, il n'existe pas d'autre voie que le célibat. Cela renforce notre hypothèse selon laquelle l'exception mystique du célibat est l'expression première d'une grande inhibition. La chaste morale sexuelle de l'Occident chrétien apparaît dès lors comme le fait d'un petit nombre d'individus qui vivaient au Moyen-Orient il y a deux millénaires, et qui se sont rencontrés autour de valeurs communes au refoulement et à la sublimation. C'est de cette tradition que nous sommes issus.

La promiscuité

Les images que nous avons de notre propre origine sont toutes faites, préconçues et préjugées, comme pour nous *défendre* d'un état premier qui n'aurait pas été pensé. Nous avons déjà rencontré le mythe d'un monde animal instinctuel et inorganisé, très éloigné de ce que nous savons aujourd'hui des sociétés animales. Il en va de même pour les états premiers de l'humanité, supposés dériver d'une « promiscuité primitive » à la sexualité débridée, sans règle ni finalité. En 1964, Lewis Morgan fit l'hypothèse d'un état initial de « mariage par groupe », sorte de famille consanguine, état organisé de la supposée promiscuité originelle [13]. Il fondait sa théorie sur le fait que dans certains lignages, comme le système hawaïen, on appelle d'un même nom tous les parents possibles d'une même génération : pour Morgan, cette organisation serait le témoin de l'union d'un groupe d'hommes à un groupe de femmes, ne permettant pas ensuite de distinguer les pères et les mères. Les femmes auraient été des épouses communes et les hommes des pères putatifs. Cette union supposée lui apparaissait comme un prototype de mariage polyandrique et polygamique. On ne connaît en fait aucun exemple de mariage par groupe. Les rares cas proposés – chez les Tchouktches où il s'agit plutôt d'un échange de femmes, chez les Dieris australiens où des frères peuvent partager des femmes, et aux îles Marquises où la stratégie politique d'un chef peut favoriser une promiscuité de courte durée – n'ont rien de convainquant.

Dans cette hypothèse du mariage par groupe et de la promiscuité originelle, rien ne distinguait les individus, ni père ni mère, ni frère ni sœur, l'inceste était la loi et les progénitures abandonnées appartenaient à la communauté. Cette vision encore très XIXe siècle avait surtout le grand mérite de donner bonne conscience à l'Occident et de magnifier les valeurs chrétiennes de régulation sexuelle et d'organisation familiale.

Personne ne peut dire quelle a été l'organisation sociosexuelle des premiers humains, australopithèques d'Afrique de l'Est il y a six millions d'années, *Homo habilis* il y a deux millions d'années, plus près de nous *Homo erectus* qui vivait en bandes migratoires d'Asie en Europe quelques centaines de milliers d'années avant nous, ou encore des premiers *sapiens* de Palestine il y a cent mille ans, car les attitudes et les comportements ne laissent ancune trace fossile. Il n'y a aucune raison de penser qu'il y ait eu une régression et l'abandon de l'organisation sociale complexe que connaissent les primates pour vivre cette promiscuité originelle, imaginée par Morgan. Bien au contraire, les règles ont certainement été affinées, complexifiées puis progressivement transmises par le vecteur du langage et le rituel des traditions. Que le groupe premier ait été poly- ou monogame, nous ne pouvons rien en savoir. Il n'a, en tout état de cause, jamais été dans le chaos de la « promiscuité primitive » présupposée, ou plutôt imaginée par certains anthropo-sociologues pour mieux faire accepter une morale puritaine civilisatrice.

La polygynie

« Encore aujourd'hui le devoir des filles est déterminé, dans la morale religieuse, par cette vieille croyance que Dieu, le plus puissant des chefs de guerre, est polygame… », nous disait avec humour Anatole France dans *L'Île des pingouins* [14].

Polygamie masculine, la polygynie (littéralement : « plusieurs femmes ») est l'objet de fantasmes masculins, de jalousies féminines, de mystères et d'interrogations, car on ne comprend pas très bien comment ce mariage d'un homme et de plusieurs femmes serait possible au regard d'une population qui génère, à peu près de façon égale et au monde entier, des mâles et des femelles. Réalité ou fantasme, c'est toute l'interrogation de la polygamie.

« Dans nos régions tempérées et les climats polaires, la nature n'accorde qu'une seule femme à chaque homme : le nombre des individus de chaque sexe naît à peu près égal. Sous des cieux plus ardents, elle institue la polygamie, soit en créant plus de femmes que d'hommes, soit en hâtant la précoce floraison des premières et usant trop tôt les mâles [15]. » Cette vision du début du XIXe siècle caricature une fois encore les dichotomies nature/culture, sud/nord, tradition/progrès. Jean Jacques Virey poursuit son propos : « La cause de la surabondance du nombre de femmes sous des cieux ardents (et dans les grandes villes à mœurs corrompues) et celle des hommes dans les pays froids (et les villages à mœurs plus pures) dépend ainsi de deux sources principales : l'affaiblissement des hommes du Midi ou de leur énervation et de leur vigueur dans les pays froids et les lieux chastes ; l'usage de la polygamie et de la monogamie qui s'entretiennent par leur cause même. » Virey se croira obligé d'ajouter deux autres corrélats tout aussi tendancieux : « Il est reconnu que les hommes robustes ou d'une constitution virile engendrent plus de garçons que de filles : l'être relativement le plus fort prédomine dans la reproduction » ; et : « Les mâles étant plus vigoureux au Nord, comme en hiver, produisent plus d'individus de leur sexe ; un effet semblable a lieu pour les femmes en été, et dans les contrées équatoriales. » Cette pensée fantaisiste et misogyne fut celle de tout l'Occident jusqu'au début du XXe siècle.

Comment comprendre cette réalité de la polygamie, qui est toujours le mode d'appariement le plus répandu dans l'espèce humaine ? Certainement pas en termes démographiques par un déséquilibre que réguleraient les polygamies. En effet, plusieurs mécanismes concourent à l'équilibre numérique des mâles et des femelles dans une population. Le dimorphisme chromosomique a pour conséquence le maintien d'une proportion constante de 50 % de mâles et 50 % de femelles dans la production de spermatozoïdes. À la naissance, et dans tous les groupes humains, le sex-ratio (proportion de mâles et de femelles dans une population) est de 104 à 106 garçons pour 100 filles. Au cours de la vie, on observe de sensibles différences de ce rapport : dans l'enfance, il y a plus de mortalité parmi les filles et, par la suite, plus de mortalité masculine adulte. Si le rapport à vingt ans donne ainsi un peu plus de garçons que de filles, la proportion de femmes âgées est plus importante [16]. Mais il faut préciser que cette démographie naturelle ne fait apparaître que des différences minimes entre hommes et femmes, de quelques pour cent seulement, rien qui puisse attester un déséquilibre populationnel justifiant une polygamie.

Des raisons historiques ont plus sûrement provoqué certains déséquilibres démographiques pouvant occasionner un aménagement des modes d'union. La migration des hommes jeunes, ou en âge de procréer, peut par exemple créer un déficit dans la population d'origine, et un surnombre chez les migrants. Mais on n'a jamais parlé de polyandrie lors du peuplement de l'Amérique. C'est le cas lors des conflits armés où seuls restaient au pays les femmes et les hommes trop âgés. Là encore, pas de polygynie en 1917 !

Comment comprendre la logique de ce mode d'union majoritaire dans l'espèce humaine, puisque sur les 557 sociétés étudiées par Murdock (fig. 3, p. 59) près de 75 % sont polygynes ? Tout d'abord en distinguant polygynie de droit et polygynie de fait. Cela signifie tout simplement que trois quarts des sociétés sont polygynes en droit, c'est-à-dire qu'elles acceptent légalement les unions multiples, en accord avec la morale religieuse qui, dans l'islam par exemple, autorise un homme à prendre quatre épouses simultanées, mais conseille de se limiter dans les faits à une seule s'il craint d'être injuste vis-à-vis des autres. Cette dernière recommandation est certainement moins un frein à la polygamie que ne le sont les moyens économiques nécessaires à entretenir plusieurs épouses. On observe donc le plus souvent une polygamie des riches et des puissants et une monogamie des pauvres, par nécessité. On peut reprendre l'exemple animal mentionné plus haut et parler, pour certains, d'un harem constitué d'une seule femme, par insuffisance de moyens !

La première estimation de la polygamie date de Livingstone, lorsqu'en 1850 dans un village tswana, il constate que, sur 278 hommes mariés, 94 avaient deux femmes, 25 en avaient trois et deux seulement en avaient quatre [17]. En 1911, le recensement du Pondo, en Afrique du Sud, a montré que 10 % des hommes mariés avaient deux femmes et seulement 2 % en avaient plus de deux. Des chiffres plus élevés correspondent à des modes de vie différents, notamment de tradition pastorale : 9,6 % des Tallensis du Ghana ont trois femmes et plus, comme 18 % des Yakos du Nigeria oriental, 21,5 % des Arushas de Tanzanie et 28 % des Turkanas au Kenya.

L'ensemble de l'Afrique noire, qui est de tradition polygyne, évolue aujourd'hui différemment en milieu urbain et en zones rurales. Si, à Dakar, un quart des familles musulmanes sont polygames, cette polygamie augmente au fur et à mesure que l'on monte dans l'échelle sociale. Elle est rare chez les manœuvres, plus fréquente chez les ouvriers, les agents de maîtrise et surtout chez les employés supérieurs. Elle est plus fréquente chez les hommes âgés, qui ont eu le temps d'économiser ! Elle reste l'apanage d'une pensée traditionnelle, puisqu'elle disparaît chez les cadres et professions libérales, influencés par les valeurs occidentales qui privilégient la monogamie.

Dans le monde rural, la polygamie domine comme mode de pensée et idéal de vie, car elle est toujours réservée à ceux, en général les chefs, qui en ont les moyens. La polygynie entraîne cependant toujours un déséquilibre dans la population puisque quelques hommes ont accès à plus de femmes. Il existe donc des déshérités de l'union à deux, et un déficit démographique comblé en partie par une importante prostitution, c'est-à-dire quelques femmes à la disposition d'un plus grand nombre d'hommes. Et puis la notion de couple s'efface dans la famille polygame. Le rapport entre individus qui est sexuellement mari/épouse devient, socialement, mari/groupe de coépouses.

Les avantages de la polygynie sont évidents pour ceux qui la pratiquent : elle permet d'éviter la stérilité et d'assurer une descendance plus nombreuse. Elle est source de revenus car les femmes travaillent pour leur mari, aux champs par exemple. Elle est un moyen de pouvoir politique, pour un chef qui fait alliance avec un lignage puissant. Elle accroît le patrimoine en concentrant l'héritage sur une seule tête, elle est enfin, pour un homme, le moyen d'une sexualité continue et non limitée, dernier avantage qui n'est jamais énoncé.

D'autres raisons, alibis, sont toujours avancées, notamment le fait que les femmes seraient favorisées par une polygamie qui leur assurerait un meilleur statut et un plus grand pouvoir ! Cette raison hypocrite est encore celle des hommes pour qui elle représente un signe extérieur de richesse. « La polygamie est le privilège de la fortune, c'est une nécessité de fonctions ainsi qu'un moyen d'arriver à ces fonctions et même aux fonctions directoriales [18]. » La polygamie est un monde d'inégalité pour les hommes qui n'en bénéficient pas, comme pour les femmes à qui elle est imposée.

Le cas particulier du harem reprend les mêmes caractéristiques en les amplifiant. Les grands harems spectaculaires, ceux qui remplissent une fonction politique, se doivent d'être prodigieux pour impressionner l'adversaire, à l'image de l'animal qui « se gonfle » et se fait énorme pour effrayer un rival. Comment être plus puissant qu'Ismaïl Moulay, sultan du Maroc au XVIIIe siècle, qui eut plus de quatre cents épouses, ou que certains empereurs chinois à qui l'on offrait une nouvelle femme chaque jour ? La domination des femelles a toujours été un signe extérieur de puissance chez les primates.

S'il existe, par la force des choses, une large *monogamie de résignation* dans les sociétés polygames, il existe toujours une *polygamie de compensation* dans les sociétés monogames. C'est la fréquente double ou triple vie extra-maritale, qui confirme l'idée selon laquelle la polygynie est le mode d'union le plus fréquent dans l'espèce humaine. L'Occident, qui réprouve la polygamie, la pratique sous ses deux formes, en série avec les divorces et remariages, simultanée avec les doubles vies inavouées. Esther Vilar distingue très finement quatre modes de polygamie : « La *polygamie simultanée* est la vraie polygamie : l'homme possède plusieurs femmes et désire les garder toutes pour lui seul. La *polygamie successive* s'étage dans le temps : l'homme a deux femmes, mais se débarrasse de l'une avant de se charger de l'autre. La *polygamie sporadique* est occasionnelle, comme son nom l'indique ; dans la *polygamie symbolique*, l'homme satisfait son instinct sexuel sans compagne. Un homme fortuné se décidera pour la polygamie simultanée ou successive et n'accordera généralement aucune valeur à la polygamie sporadique ou symbolique [19]. »

Cette polygamie occidentale, inavouée, semble assez fréquente, les liaisons simultanées concernant près d'un tiers des hommes mariés. Une enquête américaine portant sur 437 hommes fortunés a même montré que près de 5 % d'entre eux entretenaient deux familles dont chacune ignorait l'existence de l'autre [20].

La polygamie suscite partout, et à juste titre, l'intérêt masculin et la défiance féminine. L'évolution irait aujourd'hui dans le sens d'une réduction du monde polygame par la mondialisation des valeurs occidentales. Mais si la polygamie de droit perd de son extension, la polygamie de fait poursuit son influence dans les nouvelles monogamies – car on ne perd pas si facilement des habitudes ancestrales ! À l'inverse, la récente promulgation de la polygamie en Ingouchie comme moyen nataliste peut faire sourire mais montre bien que les lois ne suffisent pas [21]. En juillet 1999, Rouslan Aushev, président de cette petite République de l'ex-Union soviétique, a pris un décret autorisant la polygamie afin d'accroître la population. Trois mois plus tard, seuls trois Ingouches en avaient profité !

La polyandrie

« Les femmes peuvent donc, en raison de leur petit nombre, exercer leur tyrannie sur les hommes. » Cette vision, encore fantasmée, de Kardiner [22], en 1939, laisse apparaître un point de vue sexiste entourant l'idée de polyandrie, celui de la dénonciation de l'emprise des femmes sur les hommes ! Cette opinion est d'autant plus choquante que la polyandrie est plus un mythe qu'une réalité : ce n'est donc pas de cela qu'il parlait.

On a, en effet, beaucoup de difficultés à trouver des exemples d'union d'une femme avec plusieurs hommes. Comme pour la polygynie, cela n'est évidemment pas possible pour l'ensemble d'une population, étant donné les lois de l'équilibre démographique entre hommes et femmes. Quelques cas particuliers existent cependant qui confirment le rôle des polygamies : augmenter le pouvoir d'une famille ou concentrer l'héritage. L'exemple tibétain est le plus convainquant. La polyandrie y est permanente. Lorsqu'une femme épouse un homme, elle épouse en même temps tous ses frères, cela dans un souci d'éviter le partage et le morcellement des propriétés qui, pour beaucoup, sont si petites qu'elles ne permettent pas à une famille de vivre de son exploitation. Deux arguments viennent confirmer cette hypothèse économique : le fait que l'on observe cette polyandrie seulement dans les classes inférieures et que les riches Tibétains, eux, soient monogames, voire polygynes !

La polyandrie des Esquimaux ou des Todas de l'Inde est très différente, c'est une union par nécessité dans des populations qui pratiquaient l'infanticide des filles, vraisemblablement en raison des trop faibles ressources alimentaires pour une population nombreuse, et qui se retrouvaient avec un déséquilibre entre les sexes. Une femme était alors mariée à plusieurs hommes.

Les quelques exemples de polyandrie que nous connaissons semblent ainsi relever de motivations assez différentes selon les régions ou les époques ; ils répondent toujours à une nécessité du milieu : au Tibet, comme chez les Paharis du Népal ou certaines populations du Nigeria, c'est le remembrement de l'héritage qui est recherché ; chez les Esquimaux ou les Todas, il n'existe pas d'alternative pour offrir une union à chacun. Il faut enfin préciser que la polyandrie de quelques-unes n'est pas incompatible avec la polygynie ou la monogamie du reste de la population, mais qu'elle est toujours le fait des hommes qui décident de la forme d'union que revêt la société.

Comme pour la polygynie, on peut étendre ce concept aux sociétés occidentales contemporaines, et remarquer que certaines femmes semblent avoir deux hommes, et parfois plus. Pensons au cas de figure le plus fréquent : la coexistence du mari et de l'amant. Comme pour les hommes, nous pouvons parler de polyandrie sérielle, lors de mariages successifs, et de polyandrie simultanée si existent en parallèle des liens de couple avec plusieurs partenaires. Il semble

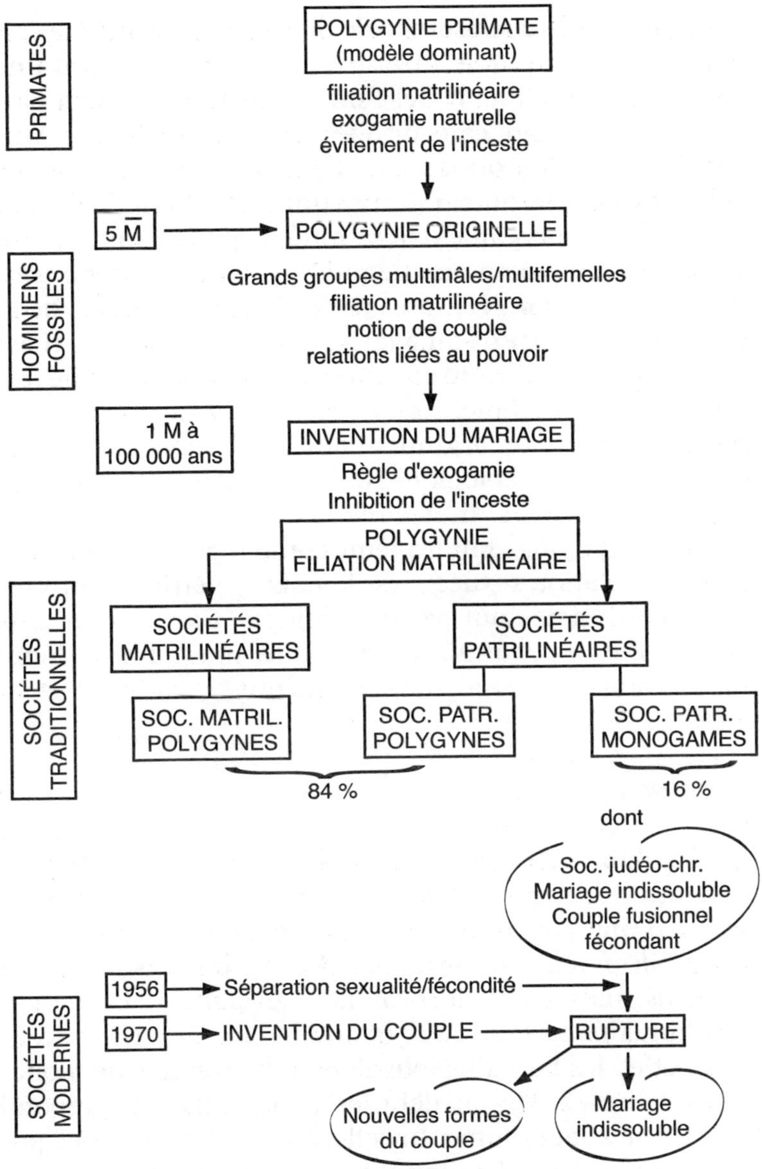

FIGURE 4. – *Le couple : nature – culture – rupture*

cependant que la coexistence de deux relations intimes ait une portée symbolique différente pour un homme et une femme, et que la plupart des femmes ne le souhaitent pas. Helen Fischer est plus catégorique : « Toutes les femmes dans les sociétés dites monogames n'ont qu'un mari. Elles ne possèdent jamais deux époux simultanément. Dans les sociétés dites polygames, la femme n'épouse aussi qu'un homme à la fois, bien qu'elle puisse avoir des coépouses. Étant donné que les femmes de 99,5 % des peuples de la planète ne se marient qu'avec un homme à la fois, il est raisonnable d'en conclure que la monoandrie prédomine très largement chez la femelle de l'humain [23]. » Ce constat, qui n'est aucunement un argument antiféministe, est renforcé par des raisons psychologiques qui animent le fort investissement qu'une femme met dans la relation avec un seul homme, dont il nous faudra tenir compte pour *réinventer le couple*. La relation sexuée n'est jamais symétrique, tous les modes d'union ne sont pas équivalents. Car il existe très certainement des contraintes de nature, masculine et féminine, que nous ne connaissons pas encore.

La monogamie

« La plupart des gens ne se seraient jamais engagés dans des relations monogames s'ils n'en avaient pas entendu parler. » Dans son ouvrage très stimulant sur les monogamies [24], le psychanalyste anglais Adam Phillips soulève des paradoxes mais aussi de profondes évidences. La monogamie humaine est loin d'être naturelle.

En effet, les humains fournissent un exemple de monogamie relative – 25 % – qui défie les lois de la nature et répond plutôt à une adaptation culturelle, c'est-à-dire imposée par une loi symbolique. La monogamie existe en effet chez les primates, mais avec des caractères bien spécifiques qui ne semblent pas être ceux de l'humanité : « Les membres de l'espèce *Homo sapiens* qui sont monogames sont les seuls primates vivant en couple qui ne soient pas arborigènes et qui ne vivent pas dans la forêt. Tous les autres primates terrestres sont polygynes [25]. » Sarah Hrdy rappelle les conditions qui accompagnent l'existence des rares primates monogames que nous connaissons, elles sont très précises, car elles reflètent des nécessités écologiques qui ont pu imposer ce mode de vie reproductif. Ces primates occupent tous de petits territoires en forêt – l'entraide à deux pour la défense de l'espace-couple étant l'un des déterminants possibles de cette monogamie – tandis qu'aucun primate terrestre n'est monogame. Or nous sommes les descendants des primates terrestres bipèdes que l'on nomme australopithèques et qui vivaient en Afrique de l'Est il y a huit millions d'années.

Il faut tout d'abord rappeler qu'aucun anthropoïde africain, le groupe animal dont nous faisons partie, n'est monogame. Les gorilles pratiquent la polygynie et vivent en harem. Leur aire géographique est aujourd'hui très circonscrite à de petits territoires en Afrique de l'Ouest. Les chimpanzés, eux aussi en Afrique, vivent en grandes bandes multimâles multifemelles, donc non monogames. Tous deux sont nos parents les plus proches, puisque nous avons un ancêtre commun qui vivait en forêt il y a dix millions d'années, avec un mode de vie polygyne, car tous les animaux de ce groupe le sont.

Un argument vient renforcer cette hypothèse de la polygynie originelle dans l'espèce humaine : le dimorphisme très net de tous nos parents et ancêtres n'offre que peu de doute sur leur mode de vie compétitif entre mâles pour l'obtention des femelles. Un chimpanzé adulte mâle est très différent d'une femelle, dimorphisme plus net encore chez le gorille qui présente une profonde différence de taille entre les deux sexes. Observons les premiers fossiles de la lignée humaine, *Australopithecus* puis *Homo habilis, erectus et sapiens*, nous n'avons aucune difficulté à identifier le squelette d'un mâle de celui d'une femelle qui est plus petit en taille de 15 à 30 %, plus gracile, présente des insertions musculaires moins puissantes, des superstructures osseuses moins massives, une signature féminine en quelque sorte ; or, par ailleurs, nous avons montré l'égalité de taille et le monomorphisme très constant de toutes les espèces monogames chez qui on ne distingue plus le mâle de la femelle. Les observations vont toutes dans le sens d'une évidence : l'espèce humaine est de tradition polygyne, avec tout ce que cela implique au plan biologique et comportemental.

À l'opposé de ces arguments biologiques, les théories socio-anthropologiques sur l'origine du mariage humain semblent aujourd'hui fantaisistes car fondées sur la seule observation du fait social et sur des présupposés. Pour Morgan et les évolutionnistes, la monogamie serait née d'une promiscuité originelle. Nous avons vu combien cette hypothèse de la promiscuité n'avait certainement jamais existé, du moins dans le groupe des anthropoïdes qui sont tous socialement très organisés. L'hypothèse de l'école d'éthnographie historique avec Schmidt pose, quant à elle, la monogamie comme fondement de l'humanité chez ce qu'il nomme les « vrais primitifs », comme elle postule le monothéisme originel. Si l'on s'en tient à cette définition, seulement une part de l'humanité serait humaine. Il est vrai que nous étions en 1911 et que le père Schmidt était un ecclésiastique !

Si l'on se refère enfin à notre connaissance anthropologique aujourd'hui, on peut remarquer que la majorité des sociétés traditionnelles est polygyne et de filiation matrilinéaire, c'est-à-dire que seule l'ascendance maternelle fait le lignage. Le groupe humain à l'origine n'a donc certainement pas été très différent du monde de la tradition que nous pouvons observer aujourd'hui, polygyne et matrilinéaire, sans connaissance sûre de la paternité, notion bien postérieure à l'invention de la monogamie (fig. 4).

La monogamie traditionnelle

On connaît peu d'exemple de monogamie stricte dans le monde de la tradition, sinon au sein des sociétés polygynes, pour la plupart de ceux qui ne peuvent prétendre aux richesses charnelles de l'union à plusieurs femmes.

Institution la plus répandue au monde, le mariage est toujours monogame, c'est-à-dire que le jour des noces un homme épouse une seule femme, selon des rites et des coutumes innombrables. La seule différence entre les cultures, mono- et polygames, c'est le droit au remariage sans démariage. En monogamie, ce remariage est interdit. Il s'agit donc d'un état imposé par la loi ou par la tradition.

Dans le cas le plus général, le mariage est l'union légale d'un homme et d'une femme pour une communauté de vie. Au-delà des modalités très variées que peut recouvrir cette union, et quelles que soient l'époque ou la culture, *le lien charnel apparaît comme la première condition juridique d'existence du mariage*. C'est d'ailleurs celle qui, quand elle fait défaut, permet, dans de nombreuses cultures, d'invalider l'union légale. Le caractère institutionnel du mariage, religieux ou civil, signe enfin la volonté d'une durée dans le temps avec, le plus souvent, la condition d'indissolubilité. Le mariage traditionnel apparaît ainsi comme la conjonction de cinq liens, plus ou moins solides selon l'époque et les conceptions de la société : *le lien légal* est aujourd'hui le minimum requis pour justifier de cette appellation ; *le lien religieux* inscrit le couple dans une tradition morale ; *le lien social* organise les relations interpersonnelles du couple en tant que sujet ; *le lien affectif*, qui faisait souvent défaut dans « le mariage de raison », vient aujourd'hui en première place du désir d'épanouissement des époux occidentaux ; *le lien sexuel*, dont nous venons de rappeler qu'il est la condition première et unique du mariage dans toutes les cultures, c'est aussi l'une des préoccupations des couples contemporains qui le confondent souvent avec le lien affectif. Mais il est des ententes sexuelles sans épanouissement affectif et, souvent, des ententes affectives sans épanouissement sexuel. Le dilemme du mariage moderne se situe dans la difficulté de maintenir ces cinq liens ensemble, ou ne serait-ce que deux d'entre eux, ce que je considère comme une condition minimale.

Dans la majorité des cas, et au-delà des différences

culturelles, le mariage recouvre toujours un projet d'alliance, de conservation du patrimoine, un échange de femmes et un apport de biens. On prend bien conscience que les raisons économiques sont toujours les plus fortes, les sentiments et la décision personnelle restant au second plan. Le mariage est en général une affaire d'hommes qui manipulent les biens, tractent des alliances et échangent des femmes. L'union entre époux constitue alors une unité économique dont le groupe reconnaît l'importance, mais la notion de couple est étrangère à ce mariage traditionnel. L'absence d'échange entre les époux est ainsi la réalité du quotidien. Certains même ne se parlent jamais et se voient peu.

Dans les sociétés traditionnelles, le mariage est un lien social de grande importance, c'est la principale stratégie d'équilibre entre les groupes humains permettant les alliances, les dominances et parfois la résolution des conflits. La plupart des mariages sont ainsi décidés par les parents, par la famille, pour servir leurs intérêts : « Un mariage arrangé implique qu'on entrevoie d'autres avantages que les qualités des partenaires, bien que parents et gardiens prétendent être aussi les meilleurs des juges pour ce qui est des caractères. La stratégie du mariage dépend des idées que se font sur ces mariages ceux qui les préparent [26]. » On pourrait dire que l'intérêt de l'état, parfois de la tribu, de la famille, passe avant celui de l'individu, homme ou femme, qui va s'unir pour la vie dans le mariage. Cela est vrai de toutes les sociétés dans l'histoire. « La paix avec un groupe qui risque de devenir un ennemi est l'avantage le plus élémentaire que l'on puisse retirer d'une alliance par le mariage [27]. »

Si le mariage aboutit, il rendra possible un état de « relations paisibles » entre les deux familles, les deux villages. Cet échange d'alliés peut ainsi parvenir à constituer des empires en multipliant les unions des uns contre les autres. Nous sommes très loin de l'idée occidentale de la rencontre personnelle et du choix individuel.

Si l'un des promis renonce au projet du mariage – c'est le droit de la fiancée en Nouvelle-Guinée –, il s'ensuit une grande querelle où le fiancé essaiera de la tuer. S'il y réussit, la lutte deviendra sanglante entre les deux communautés. Si c'est le fiancé qui renonce, la fille peut obtenir de ses parents qu'ils attaquent l'amoureux infidèle.

Le mariage est ainsi un moyen d'alliance, de réconciliation, d'obtention de fortunes, de privilèges, l'accès à un point d'eau, à des champs de pâturages, à la libre circulation dans un territoire particulier... Dans toutes ces stratégies, la femme constitue le principal bien d'échange. Elle n'a donc que le droit de valider un choix fait par ses parents ou parfois ses « gardiens », qui sont alors des tuteurs désignés par le groupe pour décider du mariage. Les gardiens disposent ainsi des femmes pour les marier. Chez les Bangwas du Cameroun le tuteur a un rapport de maître à esclave avec les jeunes filles qu'il peut marier à son gré, moyennant le consentement des parents et pour servir ses intérêts. Il peut monnayer et revendre sa tutelle. On est réellement dans un système d'échange de valeurs dont la fille à marier constitue l'unité.

On prend véritablement conscience du rôle substitutif des parents en remarquant que le mariage est arrangé et que le jeune homme n'a pas de cour à faire. Les seules formalités sont des négociations préliminaires entre les deux familles. Chacun garde à l'esprit la rencontre étonnée de deux jeunes gens, vierges et naïfs, qui se voient pour la première fois le jour de leur mariage. Un intermédiaire est souvent désigné pour donner des renseignements aux futurs époux sur le caractère du conjoint ou la situation de famille lorsqu'ils n'ont aucune possibilité de participer au choix. Le rôle de cet agent matrimonial est fondamental dans ces sociétés où il est très important de s'assurer de l'honorabilité de l'ascendance des alliés. Dans l'absolu, les fiancés peuvent formuler leur choix puisqu'ils expriment publiquement leur consentement. Mais le poids des familles, la pression sociale de plusieurs mois, voire plusieurs années de tractations, et souvent les menaces de la famille adverse rendent ce choix impossible.

Ce système très largement dominant ne doit pas faire

oublier toutes les particularités humaines qui permettent parfois un choix aux époux, ou les laissent échapper à ce choix, qui organisent l'enlèvement de la fiancée par l'homme de cœur, et d'autres sociétés qui fiancent les promis dès l'enfance mais autorisent aussi les remariages...

Modulations du mariage traditionnel

Ces modulations du mariage sont en fait des systèmes d'équilibre qui permettent à cette structure sociale très contraignante pour les individus de se plier en partie à leurs sentiments ou aux nécessités de la vie. Le mariage temporaire pour un jour, quelques semaines ou plusieurs années est parfois possible. Robin Fox a observé ces unions chez des nomades de Tasmanie où le mariage est facile, comme la séparation. Il prend aussi l'exemple d'une tribu indienne, les Shoshones, chez qui l'homme contractait un mariage de courte durée puis retournait vivre avec ses sœurs dans sa famille [28].

Dans sa grande histoire du mariage, Westermarck rappelle le mariage *mu'tah* d'un jour, d'une semaine, d'un mois, d'un an, chez les musulmans Shî'a [29], mariage qui a toujours cours chez les musulmans chiites en Iran.

Loin d'être la règle, le divorce est également une pratique de tous les groupes humains. En général la cause de la séparation doit être connue et socialement acceptable. C'est souvent une raison économique, le conjoint coûte trop cher, l'homme n'ayant par exemple plus les moyens d'entretenir telle épouse. Mais ce peut être à l'occasion d'une autre rencontre, plus avantageuse, que la répudiation est prononcée. Ou encore pour infertilité. Il faut tout de même reconnaître que, dans la presque totalité des cas, le divorce ne peut être que le fait du mari. La femme, propriété du père ou du tuteur, devient, par suite du mariage, la propriété de l'époux.

Certaines populations ont cependant banalisé le divorce au même titre que le mariage. Chez les Aches du Paraguay, les hommes et les femmes divorcent et se remarient très facilement, ils divorcent en moyenne onze fois avant l'âge de quarante ans [30] !

Autre variante pour rendre acceptable une union traditionnelle arrangée : la monogamie relative, le mariage n'impliquant pas obligatoirement la fidélité. C'est le cas chez les Diruis en Australie, chez les Indiens hidatsas du Dakota, chez les Lesus de Nouvelle-Irlande et, par exemple, chez les Kuikurus, ces indiens de la forêt brésilienne qui ont, hommes et femmes, le droit de prendre amants et maîtresses, en dehors du conjoint. Chaque villageois a ainsi de quatre à douze partenaires [31].

Dans la grande majorité des mariages cependant, l'adultère est condamné car contraire au droit qui fait de la femme le bien de son seul mari. Chez les Canaques de Nouvelle-Calédonie, l'adultère est un acte contre la règle qui exige que « toute femme remise par alliance à un homme déterminé demeure son "bien sexuel" propre et non celui d'autrui [32] ».

L'adultère est alors un désordre qui bouleverse les couples, déstabilise l'ordre social et perturbe le monde mythique lui-même. C'est un acte dangereux pour la vie du groupe. Mais c'est un désordre « corrigible », à la différence de l'inceste, par exemple, qui touche à l'ordre du vivant et peut mettre en péril la société tout entière par la menace de stérilité, des femmes, des bêtes et des plantes, qu'il contient et qu'il faut à tout prix empêcher. C'est pourquoi la prohibition de l'inceste est accompagnée d'une si forte ritualisation, alors que l'adultère peut être effacé par une simple compensation matérielle [33]. Dans le monde de la tradition tout est possible lorsque cela ne perturbe pas l'organisation symbolique et le monde des ancêtres.

Une première conclusion

La monogamie, qui est rare en milieu traditionnel, nous montre un mariage au service des hommes qui monopolisent la plupart des fonctions du pouvoir et utilisent cet outil social pour renforcer leur position. Tous les exemples anthropologiques que nous avons pris confirment la fonction d'un mariage utilitaire pour le groupe, permettant de réaliser des alliances de clan à clan par le moyen de l'échange des femmes. Le couple semble alors une réalité extérieure au mariage, notamment par la séparation sociale des hommes et des femmes qui contribue à l'absence d'échange verbal et affectif entre époux. C'est ce que certains ont appelé « le mariage sans couple ».

Le mariage en Occident

« Quant aux mariages, outre que c'est un marché qui n'a que l'entrée libre (sa durée étant contrainte et forcée, ne dépendant d'ailleurs que de notre vouloir), et marché qui ordinairement se fait à d'autres fins, il y survient mille complications étrangères à démêler, suffisantes à rompre le fil et troubler le cours d'une vive affection [34]. » Le regard aigü de Montaigne est très moderne concernant ce mariage occidental « qui n'a que l'entrée libre » et qui connaît mille complications capables de détruire le lien affectif qui l'avait formé. Il y a ici, résumée en quelques lignes, la vive critique d'un système qui semble plus contraignant qu'épanouissant.

Le mariage occidental prend sa source dans l'Antiquité, trouve sa forme et sa légitimité au début de notre ère dans le creuset du christianisme et sa forme accomplie au fil des siècles d'une jurisprudence d'Église. Les États viendront ensuite légaliser ce lien social sans vraiment le modifier et dans des formes très proches, d'un pays occidental à l'autre. Ce n'est que dans ces dernières années, sous la pression populaire, et donc depuis « l'invention du couple », que change progressivement une législation archaïque, complaisante mais, en définitive, conforme à celle de toutes les sociétés humaines : préserver l'équilibre social et la transmission du patrimoine, renforcer les alliances et le pouvoir des hommes sur les femmes.

Cette histoire du mariage est tellement empreinte d'idéologie qu'il me faut faire ici une critique de méthode, car ce qui est en jeu à travers le mariage et le couple, c'est, ni plus ni moins, notre conception d'une sexualité dite « normale ». Chaque société va imposer son principe, énoncer des règles relationnelles entre hommes et femmes, dire ce qui est licite dans le mariage et ce qui est accepté en dehors du mariage. Les nombreux auteurs, tous érudits qui se sont penchés sur l'histoire du mariage, l'ont souvent fait de façon militante, c'est-à-dire personnellement impliquée car, même en dehors du roman, tout écrit est potentiellement autobiographique. Une pensée scientifique, même si elle apparaît ne procéder que de la méthode historique, ne peut se dire totalement objective. Moi-même, de méthode anthropologique, mais retournant ici, le plus souvent, aux sources premières, je ne peux être parfaitement neutre puisque j'utilise et commente des analyses puis des textes qui ont tous été élaborés par des hommes et des femmes désirants et désirantes, vivant maritalement ou non, et engageant naturellement leur être affectif dans les écrits les plus scientifiques.

Tout ce préalable n'est pas inutile car cette histoire du mariage, et donc de la sexualité, m'apparaît comme le point le plus sensible d'une morale humaine qui concerne chacun d'entre nous. À titre d'exemple je mentionnerai deux auteurs formidablement érudits que j'estime, et auxquels je me référerai, mais dont le système de pensée est manifestement si proche des convictions personnelles qu'une réserve peut être émise quant à certains arguments ou à l'utilisation choisie de leurs sources : Michel Foucault qui prône une « nouvelle érotique » bisexuelle dans son *Histoire de la sexualité* [35] et Suzanne Lilar qui défend la « resacralisation » de l'amour conjugal hétérosexuel [36].

À l'origine occidentale du mariage nous trouvons le modèle grec du Ve siècle avant Jésus-Christ qui ressemble alors beaucoup au mariage traditionnel dont nous venons de parler, celui d'une société de la ségrégation, qui sépare les hommes et les femmes, comme n'étant ni de même nature ni de même condition, et ne les rapprochant que pour l'union fécondante et reproductrice. Les femmes ne participent pas au social, elles vivent à la maison et, pour les plus riches d'entre elles, dans une partie qui leur est réservée : le gynécée. Aristote qui, ne l'oublions pas, marquera profondément l'ensemble de la pensée occidentale jusqu'au XVIIIe siècle (!) est le tenant de cette idéologie ségrégationniste et surtout antiféministe. L'influence de ses idées et son mépris de la femme seront parmi les facteurs les plus déterminants de la condition féminine des deux millénaires suivants, car la culture occidentale est livresque et seuls les hommes y auront accès. Ses qualificatifs sont célèbres : pour lui la femme n'est qu'un « mâle estropié », faisant référence à une castration supposée, « un mâle stérile »... Le mâle serait le seul géniteur, la femelle un instrument, ou même encore « un mâle sinistré inférieur » ! L'homme, d'essence divine, perpétue l'espèce grâce à son sperme sacré, porteur de connaissances. La femme apparaît alors comme une « erreur de la nature », insuffisante pour procréer puisqu'elle ne peut le faire seule, elle est un mâle inférieur et incomplet. Cette terrible conception, qui procède aussi d'une grande méconnaissance, a longtemps fait autorité sur la morale chrétienne comme dans les théories scientifiques, ce pourquoi elle a malheureusement eu tellement d'influence.

Car d'autres voix s'élevaient dans cette même Grèce du Ve siècle pour parler autrement de l'amour. Quelques années plus tôt, Xénophon magnifiait avec délicatesse « l'association conjugale » et le « bonheur » du couple. Et puis c'est surtout Platon qui regarde avec souplesse la société de son temps, qui peint l'amour, la volupté et ne dénigre ni les hommes ni les femmes. Il y a une forme d'amour pour chacun, l'amour commun, charnel, voluptueux, c'est l'amour que l'homme partage avec les femmes ; mais il en est un autre, l'éros divinisant des philosophes, qui ne se conçoit pas avec l'autre sexe. Platon n'est cependant pas antiféministe, il a fait des réformes pour que l'enseignement soit également dispensé aux femmes et a, par exemple, admis des femmes à l'Académie [37].

Dans la Grèce ancienne, le mariage est fondé sur la notion d'un couple légal hétérosexuel, principe de la famille, s'accompagnant d'autres liens sociaux ou intimes. Les hommes ont des relations hétérosexuelles conjugales et extraconjugales et des liens d'amitié homosexuelle qui sont valorisants au plan social, avec ou sans relation intime. « Nous avons des épouses pour faire des enfants, des hétaïres pour nous distraire, des esclaves pour en jouir », nous dit Démosthène [38]. La notion de fidélité est ainsi absente de la Grèce classique qui accepte les relations sexuelles ou amoureuses concomitantes, hétéro- ou homosexuelles. Les rapports entre sexes étaient fondamentalement différents d'aujourd'hui et les relations affectives, avouées ou non, se vivaient en dehors du mariage qui ne constituait qu'un lien social. L'affectivité et la sexualité pouvaient ainsi être totalement étrangères à cette union légale.

La Rome antique a connu beaucoup de libéralité quant aux mœurs et à la sexualité avant de devenir plus prude et vertueuse, du moins en façade, au début de notre ère et sous l'influence du christianisme naissant. Ovide en est le témoin. Le « plus génial des poètes », comme le nommait Sénèque, vivra et mourra en exil pour avoir publié *L'Art d'aimer*, poème didactique à l'usage des séducteurs et des séductrices, ce qui lui sera reproché, car en mentionnant nommément les femmes mariées, on l'accusera d'inciter à l'adultère [39]. On est en l'an 1 avant Jésus-Christ, la société romaine est en profonde mutation. L'émancipation de la femme commence à se dessiner avec l'affirmation du sentiment amoureux et une plus grande liberté de mariage, de divorce puis de remariage. La sexualité extraconjugale n'est plus acceptée, l'homosexualité est réprouvée, le libertinage sexuel non toléré et, signe des temps, on interdit la mixité des thermes, ces temples de l'érotisme et de l'intimité entre les sexes.

C'est aussi de cette époque, entre le IIe siècle avant

Jésus-Christ et le IIe siècle après Jésus-Christ, que Michel Foucault date un profond changement du comportement matrimonial dans la Grèce tardive : « Une première nouveauté paraît consister en ceci que l'art de l'existence matrimoniale, tout en continuant à concerner la maisonnée, sa gestion, la naissance des enfants, valorise de plus en plus un élément particulier au milieu de cet ensemble : la relation personnelle entre les deux époux, le lien qui peut les unir, leur comportement à l'égard l'un de l'autre [40]. » À cela Foucault ajoute le principe de modération de la conduite personnelle chez l'homme marié, comme un principe de réciprocité envers son épouse et la reconnaissance d'une certaine symétrie des rôles, d'un respect et d'une valorisation de la femme. La sexualité réintègre le couple au sein du mariage et la notion de fidélité sexuelle apparaît comme une nouveauté.

À ce tournant des sociétés classiques du début de notre ère se rencontrent, mais aussi s'affrontent, deux tendances contraires : une progressive émancipation du couple amoureux dans le mariage gréco-latin et une morale chrétienne balbutiante qui tentera d'imposer un refoulement des pulsions et une contrainte sociale donnant jour au mariage occidental contemporain.

La morale chrétienne, qui se constitue dans les premiers siècles, emprunte aux conceptions anciennes, à l'antiféminisme d'Aristote, à l'opposition du charnel et du spirituel, du mariage et de l'amour que prône le néo-platonisme, mais aussi au nouveau puritanisme de la société romaine. « Il serait inexact de croire que le christianisme, qui développe pourtant la notion de personne et cherche à fonder l'indissolubilité du mariage, a changé rapidement cette situation (infériorisante de la femme). On peut même se demander s'il n'a pas plutôt coexisté avec elle, en réduisant plus ou moins le mariage à un service de l'espèce humaine par la procréation et l'éducation, malgré une indéniable insistance sur l'"aide mutuelle" [41]. »

Si l'Ancien Testament semble « tolérant » en ce qui concerne la sexualité, du moins comme toute société traditionnelle, les *Évangiles* puis leurs commentaires vont façonner une société de grandes contraintes pulsionnelles. Trois grands thèmes reviennent inlassablement : la condamnation de la chair et du plaisir, la nécessité du mariage et l'obligation de procréation, la soumission à la confession et l'imposition de la pénitence. Si le mariage et la nécessaire procréation ont une portée plutôt universelle, la condamnation du désir et l'obligation de l'aveu sont des vertus (!) purement chrétiennes qui empruntent plutôt au refoulement qu'au libéralisme. En outre « l'importance accordée à l'aveu des péchés a induit une culpabilisation massive de la société et une nouvelle peur, la "peur de soi" », remarque très justement Maryse Jaspard [42]. Elle a peut-être aussi favorisé l'intériorisation d'une conscience morale par cette pratique de l'introspection que nécessite l'aveu [43]. À toutes fins malheur est parfois bon !

Cette morale du refoulement et de la contrition émane en définitive seulement de quelques textes qui seront inlassablement commentés, car il n'en existe pas d'autres ! Ce sont les éternelles Épîtres aux Corinthiens dans lesquelles Paul prône l'abstinence, la chasteté, le célibat : « S'ils ne peuvent se contenir, qu'ils se marient, mieux vaut se marier que brûler [...] mais celui qui ne se marie pas fait mieux encore » (Corinthiens, VII,2) ou encore l'Épître aux Galates, témoignant d'une conception néo-platonicienne dualiste qui condamne sans équivoque le péché de la chair : « Frères, conduisez-vous selon l'Esprit et n'accomplissez pas les désirs de la chair. Car les désirs de la chair s'opposent à l'Esprit et ceux de l'Esprit à la chair : ils se contredisent l'un l'autre, si bien que vous ne faites pas ce que vous voulez [...]. On sait ce que produit la chair : débauche, impureté, libertinage, idolâtrie, magie, inimitiés, discordes, jalousies, colères, rivalités, divisions, coteries, haines, meurtres, orgies, ripailles et les choses du même genre. Je vous en avertis comme je l'ai déjà fait : ceux qui font de telles choses n'hériteront pas du Royaume de Dieu » (Galates, V, 16-24). Ce sera encore saint Jérôme, se retirant plusieurs années au désert pour tenter de faire disparaître ses visions érotiques, obsessions visuelles de danseuses, qui condamnera ainsi le désir : si un homme aime trop intensément une femme, fût-elle la sienne, il est coupable d'adultère. « Rien de plus immonde que d'aimer sa femme comme une maîtresse. »

Les premiers gnostiques refuseront toute pensée charnelle, toute forme d'union, même légale. La chasteté abstinente devint alors une vertu suprême, un symbole d'humanité et de pureté s'opposant à l'image animale de l'accouplement sexuel. « Le premier vœu des chrétiens est l'abstinence absolue, l'exigence de virginité. L'amour chrétien se fonde sur l'enseignement paulinien d'une orthodoxie anti-désir. Le plaisir est interdit comme fin, il est gourmandise ou luxure, synonyme de vices [44]. »

Trois siècles plus tard, les commentaires théologiques de saint Augustin viendront compléter cette condamnation de la chair et du mariage amoureux en renforçant les attitudes antisexuelles des premiers chrétiens : nous sommes les produits du désir, car nous avons été conçus dans le péché de la chair. Pour expier cette faute nous devons maîtriser nos désirs par la volonté. Seul le rapport sexuel fécondant est acceptable. Les autres sont péchés, même dans le mariage. Cette rigoureuse morale du refoulement qui domine encore partiellement notre civilisation n'est en réalité le fait que d'un petit nombre d'hommes tourmentés, névrosés et inhibés qui vivaient autour de la Méditerranée au début de notre ère mais dont l'influence a été considérable par le poids des Églises sur les États occidentaux. La pensée de Paul, de Matthieu, de Jérôme, commentée et rigorifiée par Augustin, a été systématisée par Thomas d'Aquin et intégrée au dogme de l'Église catholique selon un décret du pape en 1563. La sexualité non reproductrice ou accompagnée de plaisir devient alors « luxure », que ce soit dans le mariage ou en dehors. Elle est qualifiée de « péché contre nature », comme le sont les positions anormales du coït, l'homosexualité, la masturbation et la bestialité [45].

Cette aseptisation du mariage désexualisé s'accompagna

d'une profonde misogynie, héritière de la pensée d'Aristote. Au IVe siècle, le christianisme, devenu religion officielle de Rome, dénonçait la femme qui, par sa séduction, menaçait la spiritualité de l'homme. On la rendra responsable de toutes les maladies, et notamment de l'infécondité du mariage ou même de l'insuffisance érectile de l'homme, dans les fameux tribunaux pour impuissance qui existeront jusqu'au XVIIIe siècle[46]. « Les femmes ont-elles une âme ? », se sont même demandé les évêques réunis en concile, du IVe au XVIIe siècle, où ils ont fini par répondre par l'affirmative ! C'est avec ce lourd handicap, affectif et sexuel, que naît le mariage occidental célébré pour la première fois au XIIe siècle.

La monogamie indissoluble

« Les premiers rituels liturgiques du mariage, consacrés par la présence d'un prêtre, apparaissent vers 1100, à une époque où les mariages sont arrangés par les familles, dans le respect de l'ordre social, afin de renforcer les alliances et d'accroître les patrimoines. Les contrats, alors, ne requièrent pas le consentement des futurs époux[47]. » Dans cette description par Maryse Jaspard du mariage préchrétien nous retrouvons encore les ingrédients de l'union traditionnelle en matière d'alliance et de patrimoine. La femme est une monnaie d'échange à qui on ne demande pas son avis, l'homme a droit d'adultère, de concubinage et de répudiation.

Le mariage chrétien change alors fondamentalement la donne en imposant une monogamie stricte et indissoluble en contrepartie d'un consentement mutuel qui, à l'origine, ne nécessitait plus l'autorisation parentale. Les jeunes fiancés pouvaient, de leur seule volonté, se marier devant un prêtre. Cette mise en cause du pouvoir paternel souleva une telle contestation que le concile de Trente, en 1563, décida d'abolir la pratique du mariage clandestin, d'exiger la publication des bans et de permettre l'empêchement du mariage pour raisons familiales [48]. Avec quelques évolutions liées aux particularités de chaque époque ou aux variations confessionnelles, ce mariage occidental monogame et indissoluble restera quasiment inchangé jusqu'au XXe siècle.

La fusion androgyne

Avec le mythe fondateur d'Adam et Ève, l'idéal chétien du couple fusionnel rejoint l'origine symbolique de nombreuses civilisations nées d'un couple premier lui-même souvent issu d'un être unique et suprême. « Toujours l'Androgyne appartient aux temps primordiaux, non historiques. Toujours l'histoire de l'humanité commence au moment où l'Unité, représentée par l'Androgyne, fait place à la dualité sous l'apparence de la sexualité [49]. »

Dans l'hindouisme, Shiva n'a pas de sexe ni de corps mais il contient les deux sexes puisqu'il unit les contraires. « Dès que Shiva se dédouble apparaît le désir qui est l'attraction des contraires et du désir, naissent les mondes [50]. »

L'union de Shiva et de Shakti, qui en est l'émanation, est représentée sous la forme du lingam associé au yoni, symbole divin de l'union des sexes et témoin de l'androgynat primitif [51].

Dans la Genèse, Adam est l'androgyne originel : « Éloim dit : faisons Adam à notre forme [...] et Éloim créa l'Homme selon sa forme à lui, à la forme d'Éloim, il le créa masculin et féminin, il les créa [52]. » Puis Éloim transforme la côte d'Adam en une femme : « Voici l'os de mes os, la chair de ma chair, celle-ci on l'appellera femme car c'est de l'homme qu'elle a été prise [53]. » Le couple symbole du judéo-christianisme, Adam et Ève, représente ainsi l'union retrouvée, la complétude de l'être originel, par la réunion de ses parties.

Aux sources de l'Occident, Platon nous livre par la bouche d'Aristophane le récit initiatique du *Banquet* qui rassemble et dépasse tous les mythes de l'androgynat par sa dimension philosophique, « il est révélation sacrée d'un ordre de vérité que l'on ne peut atteindre que dans le symbole [54] ». L'humanité androgyne, formée d'êtres à quatre bras et quatre jambes, fut punie par Zeus qui les sépara en deux. Dès lors chaque être divisé de forme humaine cherche sa moitié.

Le mythe d'Aristophane est l'un de ceux qui ont le plus profondément modelé l'imaginaire occidental pour la symbolique du couple. Il représente l'idée de l'amour fusionnel posé comme idéal, dans laquelle chaque moitié d'androgyne est condamnée à chercher sa moitié. Le vocabulaire en est le témoin, les conjoints s'appellent des « moitiés » avec tout ce que cela peut impliquer d'insuffisance, de fragilité, de dépendance, qui seront posées comme des vertus, permettant la complétude par l'entraide à deux. L'individu est fondamentalement incomplet sans sa moitié.

Ce mythe fondateur d'une pensée trouva sa pleine continuité dans l'unité duelle du couple chrétien. Du récit androgyne biblique où la femme est la chair de l'homme, on passe à la pensée christique du partage où les deux époux font un seul et même corps : par le mariage *ils sont Un*. « Le mariage est fusion des personnes, et disparition des différences, nous dit Serge Chaumier, la partie est sacrifiée pour le tout par lequel elle prend un sens [55]. » Apparaît ici pour la première fois le symbole d'une égalité totale, d'une absence de différences des deux partenaires. C'est l'une des conditions anthropologiques de la monogamie. S'y ajoute la paradoxale nécessité de la chasteté conjugale obtenue par une lutte incessante contre le désir. Ce que Pierre Solignac a très justement appelé « la névrose chrétienne » prend forme : « Je suis frappé par la culpabilité sexuelle des couples chrétiens qui viennent me consulter [...]. Ils viennent me voir pour faire le point et tenter de rétablir une vraie communication : très souvent le problème est sexuel. Ils sont castrés au niveau du plaisir et de la joie [56]. »

La chrétienté est alors prise entre deux contraintes : la grande honte, c'est le sexe, et renoncer aux pulsions, c'est renoncer à la vie. Deux attitudes s'observeront, la chasteté et sa transgression, le bien et le mal. Le mariage est évidemment du côté du mal. Chaumier nous précise qu'entre la virginité et l'union libre « l'Église prend une voie médiane et recommande le mariage, mais en discréditant l'acte sexuel qui ne doit être que procréateur [57] ».

Les ingrédients de la double contrainte sont en place, ce mariage qui s'impose tout d'abord par sa libéralité – mari et femme peuvent se choisir en contrepartie de l'indissolubilité de leur union – va devenir un lourd carcan par les obligations qui lui sont successivement imposées : renoncement à la chair, au désir, au plaisir mais aussi aux libéralités puisque la fidélité est totale et l'adultère condamné. La possibilité pour les époux de se choisir, ce qui était une innovation de la forme première du mariage chrétien, disparaît, mais la contrepartie de l'indissolubilité persiste. C'est ainsi que la voie royale de l'épanouissement à deux pourra devenir un système de contrainte, et parfois un véritable instrument de torture, physique et morale.

« Comment une religion d'amour a-t-elle pu opposer une barrière à ce qu'il y a de plus religieux dans l'amour païen, son démonisme, sa relation à Dieu, sa mystique [58] ? » Suzanne Lilar qui défend les valeurs de l'Église n'en condamne pas moins les paradoxes, et surtout l'attitude antisexuelle, c'est-à-dire souvent anticonjugale, au sens où elle est déstabilisatrice du couple marital.

L'image très noire que les théologiens feront d'une vie conjugale qu'ils connaissent mal s'apparente plutôt au sadisme puisque le mariage est la seule voie d'accomplissement de l'être ordinaire, et qu'ils n'en tracent que des écueils. C'est saint Jean Chrysostome qui pose ce principe : « Le mariage est le fruit de la désobéissance du premier couple, de la malédiction et de la mort. » C'est Paul, ayant choisi le célibat, qui le déconseille : « Je désirerais que tous fussent comme moi », ajoutant : « Il est bon que l'homme ne touche point à la femme. »

L'obsession du péché fait brandir les grands arguments : la peur et la culpabilité : « Ne savez-vous pas, demande Paul, que vos corps sont des membres du Christ ? Prendrai-je donc les membres du Christ pour en faire les membres d'une prostituée ? » Jean dénoncera, quant à lui, les noires conséquences du mariage et de l'enfantement, les douleurs de la grossesse et de l'accouchement, les maladies qu'elle entraîne, flétrissement et déformation des corps. Saint Jérôme sera plus direct encore : « Le sein gonfle, l'enfant vagit, la domesticité agace, le souci du ménage importune, puis tous ces bonheurs qu'on a imaginés, la mort enfin les fauche. » Le tableau est complet, noir, morbide. Où est la belle idée de l'amour et du bonheur conjugal ? Et Jérôme poursuit : « Paul nous engage à prier sans cesse, or celui qui accomplit son devoir conjugal ne peut prier pendant ce temps [59]. » Réapparaît comme toujours le dualisme corps/esprit, l'antagonisme de l'union charnelle et de l'union spirituelle.

L'amour et le mariage

Cette union chaste et antisexuelle repose avant tout sur la dissociation de l'amour et du mariage et sur la soumission féminine. L'intérêt social de l'union charnelle, avec sa valeur financière ou d'alliance, passe au premier plan des raisons du mariage. Que les deux conjoints s'aiment, ou finissent par s'aimer, est finalement une condition non nécessaire.

Il nous est aujourd'hui difficile de parler de l'amour sans faire référence au vécu contemporain. Les historiens des mentalités, comme Georges Duby ou Jean-Louis Flandrin, ont bien montré que le sentiment amoureux ne pouvait pas être comparé entre les époques. Il fut le plus souvent considéré comme subversif, comme un élément de perturbation, de désordre. Le couple non amoureux répondait ainsi beaucoup mieux aux critères sociaux qui l'avaient formé. Des forces antagonistes vont alors s'affronter, celles de l'amour et celles du refroidissement des pulsions. Il faut pour cela considérer plusieurs époques fécondes en matière de changement amoureux.

C'est d'abord les XIIe et XIIIe siècles avec l'amour courtois, un modèle idéalisé qui va progressivement modifier l'imaginaire occidental. Le témoignage nous en est parvenu par les troubadours, le roman d'amour et, en tout premier lieu, le couple mythique de Tristan et Iseut. S'y mêlent l'amour passion, la douleur, la souffrance et la mort. Si on le regarde avec un peu de recul, cet amour occidental naissant porte les stigmates de la passion christique, l'impossible réalisation de la communion charnelle et sa transcendance dans un sentiment absolu. L'amour prend alors une réelle dimension spirituelle.

Dans sa forme extrême, l'amour courtois est incompatible avec le mariage, il est une passion adultère qui ne trouve son intensité que dans la transgression des interdits sociaux. Serge Chaumier va plus loin en affirmant que « l'amour courtois s'oppose littéralement au mariage [60] », que l'amour et le mariage ne sont pas compatibles, et il rappelle le jugement d'une cour d'amour précisant que « l'amour ne peut étendre ses droits sur deux personnes unies par le mariage ». On opposait alors très clairement l'état amoureux générateur de liberté pour les deux amants et l'état de mariage dans lequel, les époux étant tenus de se soumettre à la volonté l'un de l'autre, l'amour ne se développait pas.

L'amour courtois marque cependant le début, en Occident, de la revendication d'un droit au sentiment amoureux, d'abord hors le mariage puis petit à petit au sein de l'union conjugale, ce qui ne sera réellement effectif qu'au début du XXe siècle.

Le deuxième facteur de cohésion du mariage chrétien traditionnel, c'est la soumission féminine à l'ordre conjugal. L'éducation conservait la jeune fille dans un état de dépendance infantile vis-à-vis de ses parents et surtout de l'autorité paternelle. Le mari était tout naturellement un substitut du père et la dépendance à cet homme, un instrument du maintien de la soumission. Le jugement d'Aristote, d'un ordre inférieur des femmes, sera sans cesse entretenu comme une valeur fondamentale et indiscutable de l'Occident chrétien. On le retrouve sous la plume de Rousseau dans l'*Émile* : « La femme est faite pour céder à l'homme, et pour supporter même son injustice [61]. » Certains ont pu penser que l'avènement de l'amour courtois avait amélioré la condition féminine. D'autres historiens des mentalités, je pense à Georges Duby, ont au contraire montré que cet amour s'accompagnait d'une permanente misogynie asservissant la femme au désir masculin, suspectant l'épouse légitime et soumettant la « dame » de cœur aux désirs du vainqueur de la joute dont elle était l'enjeu.

La femme est à la fois idéalisée et soumise. Ce n'est que très récemment que cet ordre millénaire sera en partie remis en cause.

Les aménagements du mariage chrétien

L'adultère est indissociable de la monogamie et, dans certaines régions, il est presque institutionnalisé, ce qui apparente alors le mariage monogame à la bi- ou à la polygamie. C'est par exemple le cas dans l'Italie du Sud, en Adriatique, où l'adultère est de règle, où chaque homme a une maîtresse et où les habitudes des amants sont presque connues de tous. Ailleurs, les relations sont plus discrètes, voire parfaitement cachées, mais elles existent tout autant à l'insu, ou non, du conjoint, de la famille et de la société.

La clause chrétienne d'indissolubilité est certainement la raison la plus sûre de la pérennité de l'adultère à la fois par l'atténuation du désir dans le couple et par l'exacerbation des envies de transgression. Dès le début du mariage chrétien et malgré l'inderdit religieux, adultère et concubinage furent très répandus parmi les hommes de toutes conditions, nobles, bourgeois et même ecclésiastiques. Car si l'homme peut s'autoriser l'infidélité, aucune liberté n'est permise à la femme qui doit être garante de la pureté de la lignée. L'argument nataliste est encore là pour asservir la femme au pouvoir et au vouloir masculin.

L'adultère féminin constitua ainsi la raison essentielle de cessation du mariage, seule cause licite de répudiation avec la non-croyance. Par la suite, et devant la contrainte considérable que représentait l'union à vie, les riches chrétiens s'inventèrent d'autres raisons d'annulation qui furent avalisées par l'Église. Un homme pouvait ainsi intenter une annulation à Rome pour cause d'adultère, de stérilité, de maladie épidémique comme la lèpre, mais aussi pour consanguinité, et la famille d'une femme demander son annulation pour impuissance. Encore une fois, comme dans la polygamie, seuls les hommes riches et aisés pouvaient entretenir des maîtresses mais aussi faire annuler leur mariage.

Au XVIIIe siècle, à l'époque de l'Église toute-puissante et après des siècles de jurisprudence, le nombre des empêchements au mariage avait considérablement augmenté, essentiellement dans le sens du droit et du pouvoir des familles, pour permettre de faire annuler un mariage non désiré ou qui se révélait contraire à leurs intérêts. Car jamais l'opinion des époux n'était sollicitée, il ne s'agissait que de clauses dénoncées par l'entourage. Le catalogue en est amusant [62], risible mais surtout affligeant par la négation des individus qu'il représente. Il a, pour partie, été repris par le Code civil. Le mariage était déclaré nul – c'est-à-dire qu'il n'avait jamais existé ! – dans les cas suivants :

1. en cas d'erreur sur la personne, lorsque, croyant épouser telle personne, on en a épousé une autre !
2. d'erreur sur la liberté de la personne, lorsqu'on épouse un(e) esclave !
3. d'erreur de chasteté, lorsqu'on épouse quelqu'un qui a fait vœu de chasteté !
4. en cas de consanguinité à un degré prohibé ;
5. de crime : adultère ou tentative d'homicide ;
6. d'alliance avec un(e) infidèle ;
7. en cas de violence ;
8. si un mariage précédent subsiste encore ;
9. en cas de mariage non consommé ;

10. de folie, d'imbécillité, de trop jeune âge du conjoint !
11. de mariage clandestin ;
12. d'impuissance absolue ou relative ;
13. en cas de rapt !

Autre aménagement, la prostitution fut tour à tour licite, scandaleuse, réprimée ou interdite selon les époques. Mais elle persista tout le temps du mariage monogame à vie. La fonction de la prostitution est d'être régulatrice des pulsions masculines, elle permet de mieux garantir la vertu des femmes mariées en limitant l'adultère hors des couples légaux. On peut remarquer, depuis la légalisation du divorce et la libéralisation des mœurs, que la prostitution a considérablement diminué d'influence et qu'elle n'est plus un passage obligé de la vie sexuelle masculine.

Enfin, les aménagements traditionnels du mariage monogame indissoluble sont représentés par *le complément amoureux*, maîtresse pour l'homme, homme de cœur pour la femme. Ces deux rôles semblent correspondre aux archétypes des désirs masculin et féminin : la maîtresse est experte dans l'éros, l'homme de cœur dans l'amour. Une longue tradition de courtisanes accompagne l'homme dans son union matrimoniale au fil des siècles. Et des acolytes de la femme sont à ses côtés, comme en Italie le sigisbée, homme de compagnie connu et accepté du mari, qui vient dès le matin accompagner la femme dans son intimité et recueillir ses confidences.

Seconde conclusion

À l'égal de l'union traditionnelle, le mariage occidental est une association à but financier, spéculatif et reproductif. Il est consacré à la gestion, à la transmission du patrimoine et à la procréation de la lignée. L'union est toujours asymétrique, parfois décidée par l'homme, toujours imposée à la femme. Profonde innovation et formidable contrainte pour les conjoints, la cause d'indissolubilité du mariage est un facteur de stabilité sociale mais aussi un instrument de refoulement des pulsions ou de transgression des interdits. Amour et sexualité ne sont pas associés à la notion de mariage et lui sont souvent étrangers. Les deux conjoints sont ainsi censés former un seul être, une unité aux intérêts communs, parlant d'une seule voix. Certains ont même pu prétendre que mari et femme d'un avis différent commettaient un adultère moral ! La réalité est tout autre et des réactions n'ont pas tardé à se manifester contre cet ordre établi très contraignant.

Les réactions

L'amour courtois, qui en est certainement la première contestation, est un « éros d'évasion », selon la formule de Suzanne Lilar, un éros qui tente le rapprochement de l'amour sentiment et de la chair. C'est une philosophie de la réconciliation qui vénère aussi bien le culte platonique de la Dame que la mystique charnelle de la fin'amor. Il n'y a de perversité que d'intention. Paradoxalement, la chasteté idéalisée d'Abélard pour Héloïse est profondément charnelle car la chair accompagne naturellement l'amour.

L'idée que l'amour moderne naît au XIIe siècle a été très largement influencée par la thèse de Denis de Rougemont sur *L'Amour et l'Occident* qui fait du catharisme le point de départ de cette remise en cause du christianisme. Bien qu'elle soit contestée, cette idée reste juste en ce qui concerne la date de naissance du renouveau de l'amour : entre le XIIe et le XIVe siècle apparaissent tous les signes d'une révolution. C'est la grande époque des troubadours qui portent les idées neuves de province en province. C'est la naissance de l'amour courtois à la cour des grands mais aussi celle d'une érotique profane qui s'impose aux consciences avides d'un renouveau des sentiments. « C'est vers la fin du XIIe siècle qu'elle [l'humanité occidentale] parvint peut-être pour la première fois à dissocier certains concepts que l'Antiquité gréco-latine avait souvent confondus et à distinguer idéalement l'amour "total" du simple désir ; l'amour-"inclination" ou "admiration" de l'affection conjugale ; l'amour-passion, de l'amour estime, sans réussir d'ailleurs, complètement, à libérer la passion moderne de tout ce qui la contraint aujourd'hui encore [63]. » Parmi ces contraintes, René Nelli distingue les conventions mondaines, l'intellectualisation excessive, les jugements de valeur, et des impératifs sociaux « naturellement antagonistes de l'amour "vrai" ». Marie-Odile Métral verra dans ce courant médiéval de la courtoisie une nouvelle misogynie mais surtout la naissance du couple amoureux, inexistant dans les conceptions antérieures [64].

La deuxième contestation d'une morale chrétienne contraignante et répressive voit le jour quelques siècles plus tard, aux XVIIe et XVIIIe siècles, avec le libertinage. Le libertin est un libre-penseur qui annonce, en France, la Révolution et qui n'accepte pas de se soumettre à la loi de l'Église. Libertins et libertines s'adonnent au jeu de l'amour en bravant les lois et les conventions sociales. On prend bien conscience encore une fois que seuls les nobles ont suffisamment d'influence pour ne pas être inquiétés dans cette remise en question de la morale. Quoique fondamentalement éloignés l'un de l'autre, courtoisie et libertinage posent les fondements de l'amour romantique et de l'idéal moderne de l'amour dans le couple.

Dans le même temps, la bourgeoisie met progressivement en place les éléments d'une conjugalité licite et édicte des lois « coutumières ». « Désireux de leur assurer une descendance optimale, clercs et médecins codifient la vie sexuelle des époux. L'exigence de la continence périodique est une astreinte importante de la morale conjugale [...]. Une fois déduits les jours d'abstinence, il ne reste plus aux couples que 91 ou 93 jour par an pour s'unir [65]. » C'est la définition même du « devoir conjugal ». Les médecins deviennent la caution de l'Église. La raison scientifique se substitue à la morale religieuse et lui donne une nouvelle légitimité. Il n'y a qu'à se rappeler le discours de Tissot sur la masturbation, qui deviendra l'alibi d'une persécution des pulsions pendant près de trois siècles [66].

Ce sera encore Balzac dans sa *Physiologie du mariage* qui énonce, selon ses propres termes, une « théorie du lit » et pose la question aiguë du désir au sein du couple. Le maintien du conjoint dans le lit conjugal, s'il provoque l'émoussement progressif du désir, a le grand avantage de permettre sa surveillance et le contrôle de l'adultère. Balzac nous offre une fine clinique du couple dans la situation de contrainte que constitue le mariage, parle des premiers symptômes féminins de lassitude et de la conspiration ourdie par un « million de célibataires affamés ». Le spectre de l'adultère plane sur le mariage-contrainte. Il poursuit sa « théorie du lit », avec, en deuxième choix, « les lits jumeaux », demi-séparation qui donne lieu à des contresens. Enfin, troisième solution dans la résignation, celle des chambres séparées. « Savoir mettre en pratique ce système !... C'est le dernier degré de la puissance intellectuelle et virile [67]. » Il faut tout de même préciser que cette *Physiologie du mariage*, qui aura pendant un temps de l'influence, n'est pas exempte d'une certaine misogynie. Balzac se met au service d'un désir masculin tout-puissant reléguant les femmes à la religion, la confession, la migraine et les névroses !

Après l'éloignement de la chair dans les lits jumeaux puis les chambres séparées ou les hôtels particuliers, lorsque les finances le permettent, cette époque nous montre, encore une fois, que le désir, l'amour et le mariage ne font pas bon ménage. On peut y voir aussi le début d'une revendication féminine à l'autonomie, au droit d'exister indépendamment de l'autorité maritale. Avoir sa chambre, c'est conquérir son territoire, mais aussi désunir le couple fusionnel originel, c'est le témoin d'un moment révolutionnaire, début XXe siècle, illustré par le manifeste de Virginia Woolf *Une chambre à soi*, en 1929 [68].

Cette époque est marquée par la remise en question de l'ordre établi, les débuts du féminisme, la révolte contre les injustices et les discriminations, la dénonciation du sexisme... Révolutions sexuelles successives et profonde évolution des mœurs qui marqueront le XXe siècle, à l'encontre des périodes précédentes caractérisées par la permanence des modes de pensée. Nous sommes à l'aube d'une révolution, de la rupture avec les modes de régulation naturelle et culturelle qui fondaient le relatif équilibre conjugal des sociétés occidentales.

4

RUPTURE

Il est des vérités qui peuvent tuer un peuple.
Jean GIRAUDOUX, *Electre* [1].

Dans les trois dernières décennies du XXe siècle apparaît en Occident une nette *rupture* des unions modernes avec le mariage traditionnel. Devant la pression exercée par le seul modèle du mariage monogame indissoluble, à la suite d'une profonde évolution des mœurs et surtout de la dissociation de la sexualité et de la fécondité par la contraception, on observe une *rupture* avec les lois naturelles et culturelles du mariage, et l'acceptation d'une certaine autorégulation à la recherche de nouvelles formes d'union. C'est dans cette période révolutionnaire que s'est effectuée, à l'insu de tous, *l'invention du couple* (fig. 4, p. 71).

L'invention du couple

La décennie 1970 revient souvent dans les analyses des sociologues pour dater les éléments de ce changement : « Ni les démographes, ni les sociologues n'avaient conscience que l'augmentation du nombre de couples non mariés deviendrait lame de fond [2]. » Les signes en défaveur du mariage apparaissent vers 1960, l'union libre autrefois condamnée se répand dans toutes les tranches d'âge, les pratiques conjugales changent, les jeunes quittent plus tardivement le domicile parental et le mariage n'est plus un préalable obligatoire au désir d'enfant. De 1972 à 2000, le nombre de mariages en France a baissé de 20 %, tandis que les cohabitants non mariés ont décuplé, que les divorces ont doublé et que les hommes et femmes divorcés se remarient beaucoup moins [3].

« Comment douter qu'un ébranlement s'est effectivement produit dans les quinze dernières années ? », constate Louis Roussel en 1975 à propos de l'évolution de la nuptialité et des relations entre hommes et femmes. Roussel analyse finement les éléments qui sont en place pour faire rupture avec l'histoire : « On s'accommodait plus ou moins facilement, jusque vers 1970, des écarts entre les dispositions législatives et l'état des mœurs. La distorsion semble être devenue désormais insupportable et la "libéralisation" en cours est sans doute le témoignage le plus manifeste que l'équilibre des années 1950 est désormais rompu. La gageure de maintenir dans le mariage son aspect institutionnel et, en même temps, de privilégier le fondement affectif de l'union paraît bien avoir échoué [4]. » Trois ans plus tard, avec Odile Bourguignon, Roussel observera chez les jeunes de dix-huit à trente ans un net refus de l'aspect institutionnel de l'union. Nous sommes en 1978 et la conception traditionnelle du mariage n'a déjà plus cours, chacun aménage sa vie comme il l'entend, partage le quotidien et organise à sa façon les rôles de la vie commune : « Le couple est affaire privée, fondée sur un sentiment singulier qui doit demeurer "pur" de toute normalisation externe. Amour et obligation s'excluent absolument [5]. » En quelques années, à la suite de 1968, nous sommes passés d'une morale du devoir à une éthique de liberté.

« Il est devenu désormais impossible d'accepter le sacrifice d'un des deux partenaires pour réaliser le couple, base de la famille traditionnelle. L'ancien mariage maintenait une stabilité car la femme y était sacrifiée [...]. Suite à l'exigence féministe, l'opposition public-privé s'est estompée [6]. » Comme Alain Touraine, Serge Chaumier insiste sur le rôle qu'ont joué les mouvements féministes dans ce profond changement de société qui est à l'origine de *l'invention du couple*. L'analyse sociologique est cependant trop optimiste. Elle est juste dans les faits, dans l'apparence sociale, car la femme n'est plus un être sacrifié sur l'autel des convenances. Mais le sacrifice se poursuit – comment pourrait-il en être autrement en l'absence d'une réelle maturité des individus – et l'un des conjoints, sinon les deux, vit encore aujourd'hui une profonde contrainte conjugale. Il ne suffit pas de décréter la libéralisation des mœurs pour que les mœurs se libèrent, il faut travailler au niveau des résistances, et elles sont éducationnelles. Après une phase d'intense nuptialité et de précocité croissante des unions dans l'après-Seconde Guerre mondiale, on observe un « point de rupture » vers 1972 : les mariages sont moins fréquents et relativement plus tardifs, la cohabitation, auparavant rare et socialement inacceptée, devient un prélude au mariage puis un mode de vie à part entière [7]. En 1973, les mentalités ont évolué, le mariage est déjà une simple formalité pour environ 40 % des Français et presque 50 % en Allemagne. Il restait cependant un lien social indispensable pour près de 60 % de la population [8].

On prend alors bien conscience que l'argument fondateur de la monogamie, c'est-à-dire « demeurer ensemble longtemps », ne suffit plus pour justifier un mariage indissoluble qui est plus souvent une contrainte qu'un épanouissement. Nous sommes dans les stigmates de notre histoire. Si nous acceptons de regarder sans complaisance derrière nous, les signes du naturel sont encore là, avec quelques traits de comportement qui attestent de notre origine primate polygame : le *dimorphisme* est toujours manifeste, bien que progressivement atténué, car on reconnaît sans difficulté chez nos contemporains un mâle d'une femelle ; les pulsions à l'accouplement sont également du côté de la polygamie avec une toujours forte asymétrie du nombre de partenaires au cours de la vie : 11 en moyenne pour les hommes, 3 pour les femmes en France, en 1992. Pour souligner cette asymétrie on peut encore remarquer que la moitié des hommes ont eu plus de cinq partenaires, tandis que la moitié des femmes n'ont eu qu'un partenaire [9].

Les liens les plus évidents sont les plus difficiles à reconnaître. Cette asymétrie entre hommes et femmes du nombre des partenaires au cours d'une vie n'est jamais expliquée. Toutes les études au monde relèvent la même proportion mais aucune hypothèse n'est avancée, pour deux raisons : la science est habituellement descriptive, elle observe et s'occupe peu d'arguments évolutionnistes ; l'hypothèse la plus simple, que je formule, est aussi la plus subersive et nous oblige à penser en des termes qui gênent la morale et l'ordre établi. On préfère souvent rester aveugle qu'ouvrir les yeux sur une réalité qui oblige à penser.

Les facteurs de la rupture

De nombreux éléments ont participé à cette révolution qui a profondément modifié les attitudes psycho-sociales des trois dernières décennies du XXe siècle. Pour ce qui concerne le mariage, nous pouvons identifier quatre facteurs principaux qui ont contribué à cette rupture.

L'ESPÉRANCE DE VIE DU COUPLE

Le facteur démographique est un révélateur des difficultés conjugales, l'évolution la plus marquante ayant été *le doublement de la durée du couple* en moins d'un siècle. L'espérance de vie conjugale qui n'excédait pas vingt ans, en moyenne, au XIXe siècle est passée à plus de quarante ans et souvent soixante aujourd'hui pour certains couples formés très jeunes. « Au Moyen Âge les gens pargageaient en moyenne treize ans de vie commune, aujourd'hui près de soixante ans », nous précise Christine Castelain-Meunier [10].

Cet objet d'admiration, qui tient souvent plus du paraître ou du livre des records, est devenu, dans la plupart des cas, un instrument d'amplification des difficultés et un indice des incompatibilités longtemps ignorées.

L'espérance moyenne de vie qui était d'environ 25 ans au XVIIIe siècle, 35 au XIXe, 45 en 1900, a très rapidement progressé : 70 ans en 1960, 78 ans en 1980, aujourd'hui de 75 ans pour un homme, 82 ans pour une femme, avec une augmentation d'un trimestre chaque année ! C'est l'un des faits majeurs de toute l'histoire de l'humanité [11]. Que la durée du couple augmente semble tout naturel, mais dans le même temps s'accroît la possibilité de vivre deux, trois, voire quatre vies successives, dans des unions légales ou non, selon de nouveaux modes d'être en couple que favorise cette longévité. « Refaire sa vie n'est plus un luxe, comme pour le noble du XVIIIe siècle, ou une nécessité, comme après une guerre, mais un droit dont chacun cherche à disposer [12]. » À moins de pouvoir vivre « le couple longue durée », dont il faut se donner les moyens.

LA NAISSANCE DU SUJET

Cette même période assiste à la naissance du sujet, conséquence de la libération de la femme qui obtient en France le droit de vote en 1948, puis progressivement plus de reconnaissance avec le droit à la contraception par la loi Neuwirth en 1967, et à l'avortement en 1975. En quelque trois décennies, les femmes occidentales sont libérées des grossesses non désirées et de l'asservissement non décidé de leur corps en tant que porteur d'enfant. Il s'agit de la naissance de la femme en tant que sujet qui, dans les suites du féminisme militant, se libère de son carcan ancestral de servitude et découvre son désir de vie, beaucoup plus que de celle de l'homme, qui trop souvent ne prend pas conscience de sa « non-existence » relative. Ce mouvement est très sensible au sein des couples en difficulté dont souvent la femme seule est consciente d'une crise larvée et très ancienne.

« Cette irrépressible injonction à être soi, selon la formule de Jean-Claude Kaufmann, tient pour l'essentiel dans le long mouvement d'individuation du social, qui s'exprime fortement désormais comme moteur du changement : l'individu moderne se veut de plus en plus maître de sa vie, composant sa vérité, choisissant sa morale, responsable de son identité [13]. » L'évolution des sociétés contemporaines, taxée de « pathologie du narcissisme » par certains, d'« avènement ou d'autonomie de l'individu » par d'autres, a tout de même le mérite d'ouvrir les perspectives individuelles et d'échapper pour partie à l'infantilisation de la dépendance parentale, puis conjugale. Cette démarche personnelle ressemble fortement aux parcours d'autonomisation du sujet en psychothérapie ou en psychanalyse, mode occidental de connaissance et d'introspection qui s'est progressivement développé pendant cette même période. La naissance du sujet a des conséquences bien au-delà du fait conjugal auquel il s'associe ou non : c'est là un tournant majeur des sociétés contemporaines à accepter que le sujet existe et s'autonomise, à l'encontre d'une règle qui vaut depuis le début de l'humanité : l'individu n'est rien sans le groupe, en opposition avec le monde primate où les individus sont responsables de leur propre subsistance et où il y a peu d'entraide. Or, en matière d'évolution biologique, il n'y a jamais de régression. Cette ressemblance avec des conditions de l'origine n'est certainement qu'une convergence d'attitudes devant des contraintes identiques.

LA DÉMOCRATISATION DE LA SOCIÉTÉ

La récente évolution du statut économique des familles a fondamentalement changé l'une des fonctions originelles du mariage : obtenir des biens et du pouvoir par le jeu des alliances et l'échange des femmes. La relative disparition du patrimoine, l'accession démocratique à la propriété pour tous les jeunes ménages et la progressive égalisation du statut socioéconomique de l'homme et de la femme ont changé la donne initiale et ôté sa valeur mercantile au mariage traditionnel. Dans son analyse des stratégies matrimoniales du paysan béarnais, Pierre Bourdieu récuse déjà la valeur déterminante du patrimoine pour le choix du conjoint, car toutes les familles ne possédaient pas un patrimoine. Pour les paysans qui n'étaient pas propriétaires de leurs terres, l'idée de transmission avait peu de sens et le mariage n'était certainement déjà plus un enjeu patrimonial [14]. Ce facteur interviendra de moins en moins fréquemment au XXe siècle avec l'accession à la propriété non héritée, atténuant ainsi l'influence que les parents conservaient du fait de l'héritage. Cette autonomie financière des jeunes familles était un premier pas vers l'autonomisation du couple. Subsistait encore une mainmise financière de l'homme sur la femme par le maintien des archétypes : l'homme gagne-pain et la femme maîtresse de maison. La professionnalisation des femmes enleva aux hommes l'argument du « c'est moi qui gagne l'argent du ménage », pour mieux égaliser leur condition. Mais on n'abandonne pas aussi facilement une position dominante très ancienne et de nombreux conflits de couples seront animés par la nostalgie masculine du pouvoir, même si les raisons alléguées en sont tout autres.

Enfin, il ne faudrait pas oublier une conséquence perverse, mais profondément méconnue, de cette *démonétarisation du mariage* : le retour de l'inceste. En société traditionnelle le mariage s'accompagne d'une forte prohibition de l'inceste, énoncée et connue de tous, avec une contrepartie sociale : cette femme que le père s'interdit de « consommer » lui appartient, il la donne en échange d'une dot, d'une alliance, d'un patrimoine. Le mariage apparaît alors moins comme le fait des conjoints que comme celui du *donneur de femme*, père ou frère de la mariée, qui aurait pu en jouir dans l'absolu, mais qui accepte l'interdit de l'inceste et la donne en échange. Ce geste symbolique fait du don de la femme un réel équivalent de l'acte sexuel. L'évolution récente des sociétés occidentales a négligé la transmission de ces règles qui ne sont plus énoncées, dans le même temps où l'évolution des mœurs a donné aux filles le droit de disposer d'elles-mêmes. C'est le monde à l'envers puisque ce sont aujourd'hui les filles qui « se donnent », prennent un mari, et non leur père qui en dispose. Cause ou conséquence, l'augmentation importante des actes incestueux répond certainement au retour de pulsions refoulées qui ne sont plus régulées par des règles naturelles ni humaines compensant autrefois le renoncement symbolique au désir le plus immédiat [15].

LE SEXE ET L'AMOUR

L'une des plus grandes révolutions de l'histoire de l'humanité a eu lieu en 1956, lorsque Gregory Pincus et John Rock ont inventé la pilule contraceptive. De tous temps les femmes utilisaient des procédés contraceptifs limitant en partie la fécondité, mais aucun, ni même la méthode Ogino, n'avait de réelle fiabilité, et l'angoisse de la grossesse non désirée était permanente. La « pilule », qui sera largement popularisée dans les années 1970 en Occident, permet une contraception efficace à plus de 90 %. Elle va transformer la vie des femmes et des familles en permettant, pour la première fois dans l'histoire de la vie sur terre, de dissocier sexualité et fécondité. Enfin, conséquence fondamentale au plan social, à partir de ce moment de la contraception, les hommes ne contrôlent plus la sexualité des femmes, qui sont libérées des comportements imposés. Auparavant, la crainte d'une grossesse et donc de la révélation d'une sexualité cachée était en partie limitante de l'adultère. On peut également remarquer que la preuve sérologique de la paternité a été faite en 1955 et que la plupart des problèmes d'infertilité seront compris et, pour partie, résolus dans les décennies suivantes.

Apparaît alors la plainte sexuelle et naît la sexologie. La revendication du désir et du plaisir dans le couple annonce un renouveau qui contribue à *l'invention du couple* autonome et indépendant de la famille. Le sexuel devient l'acte fondateur du couple alors que, dans le mariage traditionnel, il en était une conséquence. Le premier rapport sexuel équivaut à une « mise en couple » pour 18 % des hommes et 34 % des femmes, différence qui montre bien la forte valeur symbolique que ce premier rapport représente pour les femmes. Il faut préciser qu'un tiers, 33 %, des hommes et deux tiers, 64 %, des femmes, déclarent avoir été « très amoureux » lors de ce premier rapport [16].

Autre conséquence de la contraception : la plus grande liberté sexuelle des femmes qui peuvent aujourd'hui avoir une vie sexuelle en dehors du mariage. Ce que les mâles ont tenté de contrôler depuis l'origine – le désir féminin – se trouve soudain libéré. C'est un profond bouleversement de l'image, du rôle de la femme et des rapports entre les sexes. L'acceptation de tels changements ne sera jamais facile. Car dans le même temps les langues se délient et les consciences parlent : hommes et femmes revendiquent leur droit à une sexualité épanouie dans le couple. Qu'en est-il en réalité ? Cette sexualité reste du domaine de l'intime et peut difficilement être estimée. Les études et les réponses aux enquêtes d'opinion les plus sérieuses doivent à ce titre être lues avec prudence, on sait combien il y a sous-déclaration des difficultés et surévaluation de la performance par les hommes, et majoration de la satisfaction intime par les femmes. En 1992, dans l'enquête Spira sur *Les Comportements sexuels en France*, à la question « Est-ce que vous êtes satisfait(e) de votre vie sexuelle actuelle ? » seulement 10 % des hommes et 13 % des femmes se disaient peu ou pas satisfaits du tout. Ce qui est, nous le savons, très inférieur à la réalité. Une première lecture peu critique nous donnait aussi 89 % des hommes et 84 % des femmes assez ou très satisfaits ! Or que veut dire « assez satisfait » en matière d'amour et de sexualité ? Dans ce secteur de la vie qui cultive l'absolu, on ne peut être que « très » satisfait ou pas du tout. « Assez » satisfait signe déjà l'insatisfaction. Je serais alors plus proche de penser que 55 % des hommes et 52 % des femmes ne se disent « pas très satisfaits » de leur vie sexuelle, chiffre certainement encore sujet à caution dans la mesure où plus de femmes que d'hommes se disent très satisfaites ! Elles ne parlent peut-être pas de la même chose [17].

Mon expérience clinique de thérapeute de couple et de médecin de la sexualité humaine me montre combien il existe une « misère sexuelle », qui n'est jamais dite, même dans les enquêtes les plus prudentes. À l'opposé de cette vérité, chacun affiche l'image qu'il suppose des autres, chaque couple paraît ainsi, même pour ses proches, vivre l'entente idéale lorsque nous en savons le malentendu permanent.

L'ouverture à la vie est aussi une ouverture à la sexualité dans l'acceptation plus large de tous les modes d'union et de toutes les pratiques. Ce qui, il y a peu, était qualifié de pervers, fellation, cunnilinctus, sodomie... est aujourd'hui considéré comme des variantes normales de l'amour. Il en va de même pour le choix de l'objet sexuel, l'homosexualité étant à présent acceptée comme une variante de l'union à deux, non sans difficultés pour certains. Il faut cependant remarquer que c'est la première fois, dans notre histoire du mariage, que nous rencontrons vraiment la notion de couple homosexuel, aujourd'hui de fait et de droit. Car il n'existe pas d'homosexualité dans le monde naturel, sinon de circonstance, c'est-à-dire comme équivalent symbolique.

Cette période de rupture voit aussi évoluer les sentiments. L'idéal amoureux est un mouvement subversif – désir d'aimer et d'être aimé – qui plonge ses racines dans l'amour courtois puis dans le sentiment romantique. Il est aujourd'hui au premier rang des valeurs auxquelles aspirent les couples. Mais il ne faut pas s'y tromper, *amour* ne signifie pas la même chose pour tout le monde, car il est à la fois un sentiment naturel et un produit de la culture. En tant que sentiment, on distingue très clairement l'amour-passion – qui ne dure jamais plus de deux ans, souvent beaucoup moins – et l'attachement qui lie deux êtres par une empreinte forte, souvent pour la vie [18]. L'amour est aussi un produit de la culture, en partie manipulé par les médias, comme le rappelle Jean-Claude Kaufmann : « L'amour tel que nous le connaissons aujourd'hui est né du roman. Il est le résultat d'une mise en scène sociale opérée par des instruments puissants, diffusant la "propagande universelle pour la romance" : pièces de théâtre, feuilletons, chansons. Et à partir des débuts de ce siècle, par la presse féminine spécialisée [19]. » Déjà en 1962, Edgar Morin identifiait l'éros quotidien de la publicité et surtout du cinéma comme à l'origine de la popularisation du modèle amoureux [20]. Cet avènement de l'amour est relativement nouveau. Autrefois, le couple avait peu d'intimité, peu ou pas d'espace personnel, parfois même pas de lit conjugal, et l'amour n'avait aucune liberté pour s'exprimer. La famille était au-devant de la scène avec ses alibis pervers pour empêcher l'autonomie des individus, pour étouffer les pulsions et limiter les effusions amoureuses à ce qui ne réveillait pas trop de convoitises chez les autres. Dans l'après-1968, la revendication du droit au couple amoureux apparaît très nettement avec en ligne de mire l'état amoureux permanent et idéalisé, mais au quotidien des définitions extrêmement différentes de cet amour revendiqué.

QU'EST-CE QUE L'AMOUR ?

C'est ce que l'on devrait se demander avant de faire couple. La plupart des hommes et des femmes ont une définition qui correspond à leur état actuel, à leur histoire, mais qui, la plupart du temps, est sensiblement différente de celle du conjoint. Cette différence s'accentue avec le temps, tandis que les individus plus matures se rencontrent lorsqu'ils ont, eux-mêmes, répondu à cette question. Dans l'enquête ACSF, en France en 1992, 90 % des hommes et 89 % des femmes se déclarent très amoureux ou plutôt amoureux de leur dernier partenaire, plus fortement s'il s'agit du partenaire cohabitant. Mais que veut dire amoureux à ce degré de consensus ? La même enquête précise que pour plus de 90 % des hommes et des femmes « l'amour se construit lentement jour après jour » et que « faire l'amour, c'est faire "un" avec l'autre ». Enfin, l'amour est très nettement dissocié du désir sexuel :

pour 44 % des hommes et 48 % des femmes « dans un couple, l'amour peut exister sans désir sexuel réciproque [21] ».

Le moins que l'on puisse dire est que ce terme est si polysémique qu'il permet à des individus, hommes ou femmes, d'affirmer en même temps être très amoureux de leur conjoint, ne pas concevoir son autonomie et, pour la moitié d'entre eux, ne pas désirer le partenaire ! « *Amour* est un mot valise, c'est-à-dire qu'il a de nombreux sens dans le même temps. C'est à la fois l'amour conjugal avec sa dimension affective, sensuelle, sexuelle, physique, passionnelle, l'amour filial, l'amour-passion, l'amour tendre, l'amour vache, l'amour absolu, l'amour perdu [22]. » Le philosophe André Comte-Sponville voit deux réponses à la question *Qu'est-ce que l'amour ?* Celle de Socrate : l'amour est désir et le désir est manque, « voilà pourquoi il n'y a pas d'amour heureux ». Et celle d'Aristote, reprise par Spinoza : « "L'amour est une joie qu'accompagne l'idée d'une cause extérieure." Autrement dit, aimer c'est se réjouir de [23]. » Le premier type d'amour, désir/manque, nous confine dans l'idée du couple fusionnel, qui est encore le plus répandu, le second évoque le couple « ouvert » aux autres et à la vie, une opposition que nous retrouverons souvent dans les modèles contemporains, comme l'équation fusionnel/fissionnel de Serge Chaumier, ou clos/open d'O'Neill.

Quoi qu'il en soit, mythe ou réalité, le grand amour existe : en 1959, 44 % des femmes en étaient certaines mais 29 % seulement l'avaient rencontré et, pour éviter une réaction de dépit, 80 % d'entre elles considéraient que l'amour n'est pas indispensable au bonheur [24] ! Trente-trois ans plus tard, en 1992, avec l'enquête ACSF, les mentalités ont profondément évolué, l'amour est au premier rang des facteurs du bonheur, 69 % des garçons et 87 % des filles de quinze à dix-huit ans se disent amoureux [25]. Le grand amour est toujours la raison première de la mise en couple et les sociologues commencent à s'y intéresser. Didier Le Gall a pu récemment montrer que l'amour permettait de transcender la règle de l'homogamie qui veut que l'on ne se marie que rarement en dehors de son milieu social : « Voilà qui plaide pour que l'amour ne soit plus le parent pauvre de la sociologie de la famille, mais devienne véritablement un nouvel objet de la sociologie [26]. » Cet objet du désir des hommes et des femmes, ce sentiment si fortement convoité qui occupe toutes les consciences et mobilise une grande part des activités de nos contemporains, ne fait paradoxalement l'objet d'aucun champ spécifique d'enseignement ou de recherche, que ce soit en psychologie, en médecine ou en sociologie. Il relève encore pour tous du domaine de la philosophie et surtout de la littérature.

La crise conjugale

La *rupture* avec les lois naturelles et humaines du mariage s'est traduite par une profonde crise conjugale dont le signe extérieur le plus visible a été l'augmentation spectaculaire et continue des divorces. Cette évolution touche tout l'Occident avec, en Europe, un point de départ des pays du Nord vers le Centre et le Sud selon les six indicateurs que sont la diminution du mariage, l'augmentation forte et rapide des divorces, la généralisation de l'union libre, l'augmentation des naissances hors mariage, des familles monoparentales et du célibat.

« En vingt ans, le taux de divorce est passé de 5-10 % des ménages à 20-30 % en Europe du Nord. En dix ans (de 1975 à 1985), le nombre des mariages a baissé de 30 % en France et le nombre des naissances hors mariage a été multiplié par 2,5 [27]. » L'archétype social occidental du couple marié avec enfant, lui-même produit de la morale judéo-chrétienne, est en train de disparaître comme forme conjugale dominante : « En vingt ans, il est passé de 45 % à 39 % des ménages en France, de 40 % à 28 % aux États-Unis, de 37 % à 25 % en Suède [28]. »

Le « grand chambardement », selon le mot de Duby parlant de la crise des années 1960, est le résultat de la prise de conscience par l'Occident de la nature contraignante de ses règles morales. La Seconde Guerre mondiale en a certainement été l'un des déclencheurs. Il n'est pas anodin de rappeler qu'Alfred Kinsey a commencé sa grande étude sur *Le Comportement sexuel de l'homme* en 1938 sous la vindicte des autorités médicales qui tentèrent d'interdire sa recherche. Il ne la mènera à son terme que grâce à la période de guerre pendant laquelle on ne s'occupera plus de lui. La publication du *Rapport Kinsey* sur la sexualité de l'homme en 1948, puis de la femme en 1953, fit l'effet d'une « bombe » dans cette société de l'après-guerre où les pulsions étaient toujours cachées ou refoulées [29]. Symboliquement, le baby-boom date de la même période (1946-1956) et ce sont ces enfants du baby-boom qui seront les acteurs de la révolution sociale de 1968. Ils ont eu vingt ans en 1968, et furent les premiers pratiquants de la révolution contraceptive et de la libération sexuelle qui transformera profondément les rapports entre les hommes les femmes. Ce seront enfin les instigateurs du « bouleversement » social des années 1980-1990 puisque ce sont les mêmes, divorçant et se remariant, dont les enfants cohabitent et inventent les nouvelles formes du couple. De toujours, le divorce a existé mais il était confiné aux cas de force majeure – la folie, l'alcoolisme, la violence… La révolution du divorce a débuté aux États-Unis dans les années 1960 avec la multiplication des séparations pour « incompatibilité d'humeur » ; puis dans le rejet de l'hypocrisie maritale, avec le refus, par des femmes de plus en plus nombreuses, de sacrifier à la famille, c'est-à-dire au mari et aux enfants, la réalisation d'une vie personnelle et sociale. Louis Roussel et Odile Bourguignon résumaient ainsi, en 1978, l'amorce de ce mouvement de libération sociale : « Le changement social en ce qui concerne le couple et la famille s'oriente donc ainsi : privatisation du sentiment, importance grandissante de la sexualité, parlée sinon agie, introduction du plaisir dans la vie conjugale et reconnaissance de la femme comme partenaire dans ce plaisir [30]. »

Le temps de l'élevage

Une grande étude a été menée en 1996 en France par le ministère de la Justice pour analyser les jugements de divorces. Ce travail fait état de 120 000 divorces concernant 140 000 enfants chaque année. La première tendance observée est la diminution progressive des divorces pour faute (42 % contre 59 % en 1980) au profit des procédures par consentement mutuel (55 %) (divorces sur requête conjointe et sur demande acceptée) [31].

La deuxième notion, de grande importance, est celle de la durée du mariage au moment du divorce : en moyenne quatorze ans. Le divorce survient alors que la femme est âgée en moyenne de trente-huit ans et l'homme de quarante. Dans cette période de rupture où les individus et les couples se libèrent des contraintes historiques, on s'aperçoit que réapparaissent les éléments de la régulation naturelle. Dans le cas le plus répandu de monogamie animale, celui des oiseaux, le couple ne dure que l'espace d'une saison, c'est-à-dire le temps de l'élevage des petits. La durée du mariage avant divorce est du même ordre, elle correspond en moyenne au dépassement de la petite enfance, à ce que l'on nommait « l'âge de raison », et laisse des enfants à l'approche de la puberté dans une famille monoparentale qui est, pour 87 % des cas, organisée autour de la mère. C'est ce que l'on voit chez les mammifères et les primates dont la grossesse cachée empêche la reconnaissance de la paternité.

Cette durée moyenne du mariage répond cependant à des réalités très différentes, puisque le profil des divorces est asymétrique avec une forte proportion dans la première année du mariage, un pic entre quatre et six ans et un étalement progressif jusqu'à trente à trente-cinq ans d'union. Cette courbe, qui a été très étudiée, tend cependant à s'égaliser et à se déplacer vers la droite à mesure que se poursuit la « révolution conjugale ». Helen Fischer l'a bien montré dans le cas de la Finlande, et sur un échantillon de 62 pays étudiés entre 1947 et 1989. Elle observe clairement ce qu'elle nomme « la démangeaison des quatre ans », pic de plus grande fréquence du divorce, quel que soit le pays [32]. Le déplacement de ce pic des divorces vers des durées plus longues du mariage est très net dans l'exemple de la Finlande comme dans celui de la France.

Les causes du divorce

Pourquoi les hommes et les femmes divorcent-ils ? De façon presque générale on peut dire que c'est parce que la situation est jugée insupportable par l'un, par l'autre ou par les deux. Cela signifie donc qu'auparavant le couple a été « supportable », et que le facteur « temps » a joué en sa défaveur, vers la dégradation des rapports entre les conjoints. La durée est ce qui permet au couple accompli de se solidifier mais aussi au couple immature ou conflictuel de laisser appraître ses divergences. « Ça s'arrangera avec le temps » est la phrase que nous entendons le plus chez les couples en difficulté. Ce présupposé naturel de la réparation conjugale est la raison toujours invoquée pour attendre et laisser faire ; or c'est l'inverse qui se produit lorsque le couple est en difficulté : une situation encore supportable devient peu à peu insupportable et ce n'est pas un hasard si la demande de divorce émane à 80 % des femmes. C'est qu'elles sont beaucoup plus attentives que les hommes à « la fuite du temps » et ainsi plus conscientes de la crise dont les hommes sont souvent très aveugles.

Notre expérience de thérapeute conjugal montre cette évidence : les couples qui nous consultent viennent souvent trop tard ou « en désespoir de cause » et juste avant de consulter l'avocat. La crise est alors aiguë, mais l'un des deux seulement sait que le couple est terminé, souvent depuis longtemps. L'autre suppose que « l'on peut tout effacer et recommencer » ou que l'on peut poursuivre cette situation peu satisfaisante dont il se contente ou tire avantage. Celui qui en a conscience est presque toujours la femme. C'est d'ailleurs elle qui partira, dans 68 % des cas.

Cette femme qui demande la séparation le fait pour des raisons multiples : problèmes sexuels (21 %), adultère (15 %), difficultés autour de l'enfant (15 %), violence physique (13 %), problème professionnel (7 %), mésentente familiale (4 %) [33], situations qui souvent accompagnent un sentiment de déception. « Ennui » et « déception » sont ainsi les deux termes qui reviennent le plus souvent dans le récit des femmes qui parlent du prédivorce. Puis vient la crise qui décide de la séparation, très différemment vécue par les hommes et par les femmes. Irène Théry en a fait une juste analyse dans son *Démariage*. Elle identifie deux types de récits, *la tragédie*, état de crise permanente, et *le drame*, accident d'un couple sans problème : « On est frappé de la différence entre les récits masculins et féminins [...]. Près de sept tragédies sur dix sont racontées par des femmes [...]. Entre six et sept drames sur dix sont racontés par des hommes [34]. » La différence tient encore au fait que les femmes n'accusent le conjoint d'être la cause de cette tragédie que dans la moitié des cas, tandis que le drame vécu par les hommes est à 90 % la faute de la femme. Hormis cette culpabilisation de l'autre, la différence d'appréciation (drame ou tragédie) me semble témoigner d'un déni par l'homme des difficultés antérieures, ce qui lui donne l'impression de se trouver tout à coup dans un drame, tandis que la femme, plus souvent consciente de l'ancienneté des difficultés, vit une tragédie au long cours.

Au-delà des circonstances qui semblent motiver la séparation (adultère, violence, mésentente...) nous pouvons identifier quelques mécanismes qui participent de l'augmentation actuelle des divorces : les difficultés névrotiques des couples ; l'immaturité fusionnelle ; la méconnaissance des différences ; l'indépendance féminine ; le primat de l'amour et son évolution.

Les difficultés névrotiques

On sait combien le choix du conjoint, du moins dans les couples précoces, n'est pas le fait du hasard, mais plutôt de la reconnaissance d'une part de soi, d'une part complémentaire, d'une part parentale, qui participe à l'économie psychique en réduisant les tensions internes : « Je ne sais pas pourquoi, mais je me sens bien avec toi. » Cette rencontre de deux psychismes, mais aussi de deux conflits intérieurs est souvent la rencontre de névroses complémentaires. Un sujet dépendant et un autre maternant peuvent ainsi trouver un accord satisfaisant. Il faut ensuite espérer que les névroses ne bougent pas, que chacun aura autant besoin d'exprimer ainsi ses pulsions, que les deux conjoints auront enfin une maturation comparable. Dans le cas contraire, les conflits ne correspondront plus car l'un deviendra adulte tandis que l'autre restera un enfant, et la situation deviendra rapidement invivable.

Helen Fisher formule la même idée dans ces termes : « Nous nous marions par amour et pour accentuer, contrebalancer ou bien masquer une partie de notre personnalité. C'est pourquoi il n'est pas rare de trouver un comptable timoré marié à une blonde explosive, ou un scientifique marié à une poétesse [35]. » Les traits différents de personnalités ou les névroses complémentaires s'accentuent une fois la phase passionnelle terminée, c'est-à-dire quelques mois, moins de deux ans, après la rencontre. Si entre-temps le couple s'est marié, le risque de divorce sera important au cours des deux années suivantes, pouvant expliquer la « démangeaison » des quatre ans observée par Helen Fisher.

L'union difficile ou parfois impossible ne vient en général pas des facteurs extérieurs comme les évènements de vie, qui sont toujours invoqués, mais plutôt d'une dynamique interne, de la vie émotionnelle et de l'immaturité affective de l'un ou des deux conjoints : « Il y a une sorte de prédestination psychologique à la rencontre de deux êtres névrosés, ou caractériels ou gravement infantiles [36]. » On pense surtout aux couples sadomasochistes qui échangent leurs cruautés beaucoup plus morales que physiques ; et aux couples abandonniques qui n'ont pas connu les satisfactions affectives de l'enfance, n'ont pu constituer une personnalité assez structurée et attendent tout de l'autre : « Pas aimés ou mal aimés, ils n'ont jamais appris à aimer [37]. » Alors souvent les abandonniques se rencontrent mais, vite insatisfaits, se séparent.

Les difficultés névrotiques renvoient à l'histoire personnelle et à l'interaction de trajectoires de vie naturellement très différentes. C'est le ferment des couples heureux qui dépassent l'adversité dans la complémentarité et « conjuguent » ainsi ces différences. C'est l'équation parfois impossible des couples malheureux lorsque la névrose individuelle est trop lourde à porter par le conjoint ou que ses effets sont délétères sur l'entente à deux. Les psychothérapies sont une voie de l'équilibre individuel mais jamais dans l'urgence. On ne fait pas une thérapie pour « réparer » son couple, mais à la recherche d'un meilleur équilibre pour soi. Les thérapies conjugales ont un autre objet : mettre en évidence les facteurs du déséquilibre et permettre au couple de les assumer. Elles constituent souvent un accompagnement de la crise.

Les difficultés névrotiques ont largement été développées par de nombreux auteurs, ce n'est par directement l'objet de ce livre qui s'attache à comprendre la nature de l'union conjugale et des difficultés qui tiennent à cette nature.

L'immaturité fusionnelle

« La vie de couple transforme l'identité des conjoints et produit un moi conjugal qui devient envahissant quand il prend toute la place [38]. » Serge Chaumier a bien saisi ce passage de l'amour fusionnel que prône l'idée chrétienne de l'unité à l'amour qu'il nomme « fissionnel », chaque conjoint étant un individu, qui caractérise pour lui notre époque postmoderne. Cette transition est difficile à comprendre car elle nécessite un travail intérieur, une évolution conjointe des mentalités pour ne pas apparaître comme un désir menaçant envers l'autre. Le fantasme de « ne faire qu'un » à deux, qui résume souvent l'état amoureux et qui figure l'image charnelle des amants enlacés, est paradoxalement le symbole d'un couple chaste cultivant les valeurs de l'entraide et de la dépendance. Ce sont aussi les valeurs de la chrétienté. Ce paradoxe n'est pas très étonnant si l'on envisage l'autre dimension de l'unité à deux, celle du couple que nous avons tous connu, couple de la fusion primitive, de la mère et de son enfant, union charnelle et totalement chaste ; mais c'est aussi le couple de la dépendance de l'enfant avec son parent, dépendance que connaissent tous les sujets immatures. En cela le couple occidental chrétien est un couple immature qui cultive les valeurs de la dépendance infantile : « je ne suis rien sans toi », « je pense comme toi », et celles de la chasteté, car il est bien connu que les enfants n'ont pas de sexualité.

Cette immaturité est entretenue par les parents qui tentent de marier tôt leurs enfants de peur qu'ils ne deviennent adultes et prennent conscience de leurs pulsions. C'est le fondement d'un système qui évite l'autonomie et l'individuation. La récente évolution des mentalités qui mène à la prise de conscience des désirs individuels provoque souvent des « cassures » dans ces couples dont l'un est toujours un enfant ou un adolescent immature tandis que l'autre accède à une autonomie qui ne s'accommode plus de la « pensée unique », souvent régie par des conventions, et nécessitant encore la soumission féminine à l'ordre masculin.

« La maturité, c'est pouvoir aimer quelque chose malgré le fait que nos parents nous l'aient recommandé. » Cette très juste affirmation d'Ernest Rossi, psychiatre américain proche de Milton Erickson, nous rappelle le pouvoir conventionnel de l'imitation qui va à l'encontre du processus d'individuation. L'imitation et la dépendance sont nécessaires à l'enfant pour « apprendre à vivre ». Ces valeurs sont ensuite abandonnées, en société traditionnelle, lors d'une cérémonie de « passage » à l'âge adulte. Les sociétés occidentales n'ont plus de rites de passage et l'enfant roi idéalisé par ses parents peut longtemps conserver des traits infantiles, tant qu'il y trouve avantage et qu'on ne lui dit pas qu'il est un adulte. C'est l'une des caractéristiques psychologiques des enfants de ces dernières décennies en Occident avec une plus forte immaturité des garçons, qui ont du mal à s'identifier à une image masculine forte. Conséquence d'un féminisme vélléitaire, beaucoup de jeunes femmes disent en quelque sorte à leur mari : « Je ne veux pas que tu sois avec moi comme mon père a été avec ma mère. » Et, comme dans un retour du balancier, beaucoup d'hommes sont en position de soumission dans un couple « moderne » qui cultive l'égalité, mais dans lequel la femme a « de la personnalité ». L'enfant garçon de ce couple a alors beaucoup de difficultés à s'identifier à une image masculine forte. Il n'est jamais facile de vivre une situation d'égalité si les sujets ne sont pas totalement matures et autonomes.

La méconnaissance des différences

Dans son fantasme tout-puissant, le couple fusionnel qui voudrait ne faire qu'un gomme l'originalité des différences, faites de la personnalité et de l'histoire de chacun. Au premier rang, la différence des sexes dans ce qu'elle a toujours d'incompris, ou même d'inconnu. Un homme ne sera jamais une femme ni une femme un homme. Toutes les cultures le savent mais ne disent pas en quoi. Il y a évidemment des différences de culture que chaque société tente d'imposer pour confiner chacun dans le rôle social qui lui est assigné. Mais au-delà de ces rôles, et intimement mêlées au point de ne pouvoir leur être dissociées, il existe aussi des différences de nature. Et ces différences sont parmi les raisons les plus fréquentes de la mésentente. Les thérapeutes de couple le savent bien qui voient l'homme reprocher à la femme ce qui, paradoxalement, est le plus féminin en elle : son mode de penser, de vivre, de se souvenir. Et les femmes de même envers les hommes. Le paradoxe est toujours que l'on aimerait l'autre pensant comme soi. Oui, mais ce ne serait plus l'autre.

Les autres différences sont inscrites dans l'histoire du sujet et à travers sa personnalité. Combien de couples viennent nous voir, avant ou après l'avocat, en reprochant encore à l'autre ce qui fait son originalité. Ils répètent l'incessante phrase : « J'espérais qu'il changerait. » Et attendent tout du thérapeute : « Il faut qu'elle soit plus compréhensive... » C'est ce que l'on appelle l'aliénation, du latin *alienus*, « autre », « si je te fais "autre", je t'aliène ». En cela le couple fusionnel est aliénant puisqu'il n'accepte pas les différences et veut que l'un soit autre la plupart du temps, c'était la femme.

Nous retrouvons encore le modèle dominant, pseudo-fusionnel, qui tente de gommer l'altérité, qui suppose de « tout faire ensemble », et trouve un consensus sur le plus petit dénominateur commun : « Je n'irai pas au foot avec mes copains, car je ne désire pas que tu ailles au ciné avec tes amies. » Cette négation des différences est une école du renoncement sous couvert d'une démagogie égalitariste dont l'homme souffre généralement moins que la femme. Le seul exutoire du couple devient alors la famille, qui phagocyte les individus et les nie en tant que sujets désirants.

L'unité conjugale n'est jamais affaiblie par les différences. C'est au contraire l'originalité de chacun qui peut donner au couple son énergie. Le grand obstacle à cela vient de la confusion entre différence et opposition : « Tu ne réagis pas comme moi, or on m'a toujours dit que c'est comme ça qu'il fallait faire. Je sais que j'ai raison. Pourquoi ne veux-tu pas comprendre ? » Cet archétype n'est pas une caricature, c'est la formulation inconsciente des réactions conjugales les plus habituelles et les plus simplement conflictuelles. Il procède d'une logique infantile qui est la seule référence des couples : « Avant toi, c'est avec mon père et ma mère que j'ai vécu le plus longtemps. » Le principal travail en thérapie ou en autothérapie consiste en un dépassement des positions infantiles, souvent résumées par la confusion différence/opposition et entretenues par la crainte de ce que pense le conjoint. Pendant longtemps cette peur a été du côté de la femme, elle est aujourd'hui très souvent une crainte masculine du jugement féminin. Mais, faut-il le rappeler, le conjoint n'est pas un parent.

L'indépendance féminine

Depuis l'origine du mariage occidental chrétien, les rôles masculin et féminin sont stéréotypés et codifiés par la tradition : le sexe détermine le genre et assigne une identité sociale, souvent caricaturale, du moins si l'on veut bien la considérer avec un peu de recul – l'homme fait du bricolage tandis que la femme fait la cuisine. La revendication féminine à une égalité des statuts dans le couple est ancienne, d'abord discrète, puis amplifiée par le féminisme pour aboutir au partage illusoire des tâches qui caractérise la société contemporaine : « Oui, je fais aussi parfois la vaisselle, et je l'aide au ménage », affirme aujourd'hui le mari. Que l'esclavage féminin soit aboli est une chose, qu'un équilibre puisse être trouvé au quotidien dans les couples est bien plus compliqué. Cela dépend de l'investissement de chacun et de la part de jouissance qu'il peut ou non tirer du sadisme symbolique de cette situation. Toutes les unions sont des luttes de pouvoir à moins d'une grande maturité, rare, qui permet de vivre au-delà.

La marque la plus forte de l'indépendance féminine fut son accès à un statut social par le travail extérieur à la maison. On sait combien les sociétés occidentales machistes ont tenté d'atténuer la portée de cet événement considérable en discriminant le travail féminin par la règle : « À travail égal, salaire inférieur. » Le préjudice masculin semble si fort que cette inégalité, quoique abolie par la loi, persiste au su et au vu de tous.

Les hommes qui tentent de limiter cet accès à l'égalité

des salaires suivent une logique ancestrale, car c'est un facteur essentiel de la stabilité du couple traditionnel fondé sur l'« esclavage » de la femme. Les anthropologues le savent bien, ils ont depuis longtemps remarqué que le divorce était rare dans les sociétés où l'homme et la femme dépendent l'un de l'autre pour la survie et qu'il était répandu dans les cultures où ils possèdent également des biens et des terres. L'inégalité entre les époux est alors génératrice de stabilité sociale, car elle maintient la femme dans la dépendance tandis que l'homme possède les biens et le savoir. On se souvient du difficile accès des femmes à la culture, comme, il y a peu en France, à l'Académie française ou à certains emplois réservés.

L'exemple anthropologique est important car il confirme ce lien entre égalité des ressources et droit au divorce : « Quand l'homme et la femme ne dépendent pas l'un de l'autre pour survivre, le mariage raté peut être rompu [39]. » Chez les Kungs, un groupe bochiman du désert du Kalahari, où les femmes ont autant de pouvoir, social et financier, que les hommes, le divorce est une possibilité toujours envisagée en cas de mésentente. L'anthropologue Nancy Howell a relevé en 1970 dans cette population plus de 40 % de divorces, suivis de remariage [40]. Helen Fischer donne l'exemple des Yorubas, en Afrique de l'Ouest, où ce sont les femmes qui contrôlent les flux financiers et chez qui 46 % des mariages se terminent par un divorce ; celui des Hadzas de Tanzanie où hommes et femmes ne dépendent jamais l'un de l'autre, plus de 50 % des époux divorcent ; enfin celui des Navajos du sud-ouest des États-Unis où les femmes sont propriétaires et jouissent de beaucoup de pouvoirs. Là encore le divorce est très fréquent. L'équilibre des pouvoirs dans le couple occidental est récent, non sans mal, et encore bien incomplet. Il est un facteur fondamental de l'accès éventuel au divorce, c'est-à-dire de l'accès à une alternative possible pour un couple en difficulté.

L'amour

Dernier facteur qui me semble avoir beaucoup contribué à la rupture de l'équilibre et à l'augmentation des divorces : l'amour, qu'on a trop tendance à oublier. « On divorce beaucoup parce qu'on s'aime beaucoup [41] », énonce très justement François Dubet.

Cette vérité sonne comme un coup de tonnerre dans le ciel très noir des drames de la séparation. Qu'un nouvel amour soit à l'origine de la crise ou en soit l'alibi, peu importe, il s'agit de l'amour, avec sa force et l'énergie qu'il dégage, souvent suffisante à entraîner une rupture qui n'en finissait pas de se refuser à elle-même. Francesco Alberoni nous l'a suffisamment répété, sur tous les tons : « L'amour naissant sépare ce qui était uni et unit ce qui était séparé [...]. La nouvelle structure défie la structure ancienne jusque dans ses racines, la réduit à une chose dépourvue de toute valeur [42]. »

Ce processus de l'éros, bien que fulgurant, est un lent travail en soi de confrontation de la nouvelle structure à la réalité du quotidien. L'engouement surgit, disparaît, revient, puis s'impose avec l'évidence de l'état amoureux. « Cela nous oblige à tout réorganiser, tout repenser et, en premier lieu, notre passé. En réalité on ne repense pas, on recrée. C'est en effet un *renouveau*. L'amour naissant (celui de la passion ou des autres mouvements collectifs) possède la propriété extraordinaire de reconstruire le passé [43]. »

L'ouverture vers des capacités nouvelles, qui donnent un instant accès à l'inconscient, est une possibilité de l'état amoureux dans lequel le temps semble suspendu. C'est la première propriété de notre structure intériorisée, d'être atemporelle, de nous permettre de revisiter le passé et de construire l'avenir avec la légèreté de l'abolition du temps et de la libération du quotidien. Ce processus de l'amour naissant est capable de toutes les énergies, c'est pour cela qu'il est acteur de la plupart des crises conjugales et des situations de divorce.

Le démariage

Si le mariage occidental traditionnel n'est pas adapté aux mentalités des hommes et des femmes de ce début du troisième millénaire, les procédures du divorce ne le sont pas non plus. Irène Théry en a fait l'état dans son *Démariage* en montrant la nécessité d'une évolution, l'importance de la médiation et la nécessité de « donner sens au divorce [44] ». De récents sondages d'opinion, en France, insistent sur la nécessité d'une réforme qui simplifie une procédure encore lourde du poids de son histoire et d'une culpabilisation qui ne devrait plus avoir cours. Pourquoi le mariage est-il prononcé par le maire et le divorce devant un juge ? C'est encore certainement parce qu'il y a faute dans l'inconscient collectif mais aussi parce que la magistrature ne se dessaisira pas aussi facilement d'une procédure dont elle a l'habitude et qui « lui appartient ». « Seriez-vous favorable à ce qu'un maire puisse prononcer le divorce lorsque les conjoints se sont mis d'accord, sans que ceux-ci passent devant le juge ? » 70 % des Français interrogés se sont dits plutôt ou tout à fait favorables. « Une telle simplification des prodédures du divorce va-t-elle rendre le divorce moins pénible et moins traumatisant ? » 85 % disent oui. Enfin, « cette simplification des procédures de divorce va-t-elle faire augmenter le nombre de divorces ? » 72 % disent non [45]. Ce sondage semble avoir particulièrement concerné les sujets interrogés puisque seulement 2 % ne se sont pas prononcés.

Nous sommes à un moment charnière de notre histoire où le couple, unité sociale minimale, ne semble plus adapté pour la majorité de nos contemporains, ni les modalités de son interruption. Ce n'est certainement pas un hasard si cette prise de conscience se fait au début d'un nouveau millénaire. La connaissance des échéances est un formidable moteur psychologique et social qui permet tout à coup de réaliser ce qui était en germe. Le poids de notre histoire et ses racines animales agissent aujourd'hui en nous avec l'acuité que permet la liberté individuelle de pensée. Une nouvelle société est en train de naître. Le couple en est toujours l'unité, avec de nouvelles modalités que nous devons apprendre à vivre.

Les nouvelles formes de vie

Cohabitent aujourd'hui de multiples formes du couple que nous devons comprendre pour en lire le sens. En 1975, Louis Roussel identifiait la coexistence de trois types d'unions matrimonales : le mariage traditionnel, le mariage romanesque et ce qu'il nommait « le mariage compagnonnage » qui était alors un nouveau phénomène de société. Si le mariage romanesque privilégiait le sentiment amoureux mais restait fermé au monde extérieur, le compagnonnage amorçait une révolution moderne avec l'absence d'un personnage fort au sein du couple, l'indépendance économique de chaque époux et surtout une certaine tendance à l'indifférenciation des rôles [46].

Les formes nouvelles du couple accentuent cette tendance à l'ouverture et à la permissivité, tendance égalitaire allant dans le sens d'une indifférenciation des rôles. Il ne s'agit plus d'un mimétisme conventionnel mais plutôt d'une convergence d'attitudes qui rappelle la ressemblance entre mâles et femelles chez les espèces naturelles monogames. De nombreuses typologies peuvent être faites de ces nouvelles formes d'union, selon l'organisation sociale, temporelle, géographique... (fig. 5). Pour la progression des idées j'ai préféré reprendre le canevas qui nous a servi à analyser le monde naturel puis celui de la tradition et envisager successivement le solitarisme, la promiscuité, la polygamie et les nouvelles formes de monogamie.

1- FORMES NUMÉRIQUES

- homme seul ;
- femme seule ;
- famille monoparentale ;
- couple sans enfant décidé ;
- couple sans enfant AAA ;
- couple avec enfants ;
- couple surnuméraire (à 3 et 4) ;
- polygamie (harem) ;
- communauté (groupe).

2- FORMES TEMPORELLES

- couple sporadique ;
- mariage transitoire ;
- CDD (à durée déterminée) ;
- CDI (à durée indéterminée) ;
- CI (couple intermittent) ;
- CA (couple annualisé).

3- FORMES GÉOGRAPHIQUES

- couple non cohabitant ;
- couple cohabitant ;
- couple très éloigné ;
- quasi-couple,
(sans intégration ménagère).

4- FORMES PSYCHOLOGIQUES

- couple fusionnel (fermé) ;
- couple ouvert (libre) ;
- couple inversé ;
- couple de 2 semblables ;
- couple parallèle ;
- couple de réparation ;
- couple horizontal ;
- couple vertical ;
- couple évitant.

5- FORMES SOCIALES

- union libre (concubinage) ;
- union sans papier ;
- refus du mariage ;
- PACS ;
- cohabitation juvénile ;
- couple de façade.

6- FORMES PATHOLOGIQUES

- couple névrotique ;
- couple à bascule ;
- couple incestueux ;
- couple pervers ;
- couple enfant ;
- couple caractériel ;
- couple défensif.

FIGURE 5. – *Les formes du couple*

Toutes ces formes peuvent se décliner en deux sous-types
qui conditionnent leur évolution possible :
– couples avec alternative : AA
– couples avec absence d'alternative : AAA

Le solitarisme

Un fait nouveau apparaît dans toutes les sociétés occidentales : l'augmentation régulière du nombre des célibataires et des familles monoparentales, associant un adulte célibataire avec des enfants. Le pourcentage des ménages composés d'une seule personne est progressivement passé, en France, entre 1950 et 1994, de 19 à 28 % des ménages. Cette tendance est retrouvée dans tous les pays européens avec une proportion nettement plus forte dans les grandes villes et pour les femmes [47].

Choix ou nécessité ? On observe les deux cas de figure, avec des raisons solides pour expliquer leur pérennité. D'un côté, la nécessité des femmes seules à élever leurs enfants qui ne désirent pas refonder un couple ou une famille. De l'autre des célibataires, hommes ou femmes, qui ont choisi cet état de liberté. Enfin, les déshérités des grandes villes qui, paradoxalement, ne peuvent rencontrer de partenaire du fait de leurs inhibitions internes ou de réseaux insuffisants à cette rencontre.

Le célibat défensif

« J'ai une très mauvaise opinion des hommes, impression qu'ils veulent le sexe, et c'est tout. Et je n'ai pas envie de le leur donner. En définitive, je ne veux plus avoir une relation avec un homme. » Monique a vingt-huit ans, elle a été profondément marquée par deux expériences de vie décevantes et des rencontres sans suite : « Pourquoi les hommes que j'ai rencontrés, ce n'était toujours que ça, une relation d'un soir et après rien. » Cette position défensive du célibat enferme l'homme ou la femme déçu(e) dans une voie sans issue car le renforcement des défenses amplifie la déception et amorce la dépression.

Comme souvent, les causes du désenchantement sont à trouver dans l'histoire personnelle. On ne vit douloureusement un événement que parce qu'il rappelle une situation antérieure non résolue ou traumatisante. La thérapie lui permettra d'en prendre conscience : « C'est vrai que j'ai été marquée par les réflexions de ma mère. Comme je sortais beaucoup, elle me traitait de mauvaise fille, elle disait que j'étais une traînée... J'avais la honte. Par la suite, j'ai toujours eu honte avec les garçons. C'est comme si elle m'avait dit : tu seras hôtesse de l'air et que je sois devenue hôtesse de l'air. Avec un garçon j'avais ensuite l'impression d'être une traînée. » Quelques mois plus tard, elle fera, sans complexe, plusieurs rencontres épanouisantes. Les positions défensives ne sont jamais définitives et ne doivent pas être désespérantes.

L'homme seul

L'homme seul revêt plusieurs aspects traditionnels qualifiés d'« ours mal léché », d'« anti-couple » ou encore d'« aveugle de naissance ». Le premier qualificatif nous évoque une forme déjà rencontrée en milieu naturel, celle du mâle évincé de la compétition pour les femelles et qui vit solitaire, bourré d'hormones dont il ne dégage que de l'agressivité. On sait, dans la nature, combien l'ours mal léché est dangereux.

L'aveugle de naissance serait un homme successivement rejeté par plusieurs femmes pour n'avoir rien compris à la relation. Ce n'est pas rare. Mais il n'est pas nécessaire d'être célibataire pour être aveugle. Nombreux sont les sourds ou paralytiques dans la relation à l'autre, dans les couples en difficulté que nous sommes amenés à rencontrer.

Le célibataire réfractaire au couple, l'« anti-couple », est de tout autre nature, il lutte pour la liberté d'indépendance, et refuse de s'engager dès qu'une partenaire lui plaît. « L'éternel célibataire, variante de la polygamie successive fondée sur l'instinct sexuel, est relativement rare. Il s'agit d'hommes qui recherchent une vraie femme mais qui tombent sur des femmes-enfants. Ne voulant pas renoncer à leur sexualité, ils s'engagent avec elles, mais pour un temps limité... [48] » Il justifie sa position par une idéologie à bon marché. Il se bat en réalité avec des conflits non résolus et avec lui-même. La vraie position de célibataire existe, elle est rare, elle émane d'une forte maturité.

La famille monoparentale

La famille monoparentale est organisée à 80 % autour d'une femme qui a la garde de ses enfants. Si l'on veut bien, encore une fois, regarder cette situation sans complaisance, elle n'est pas très différente de la famille originelle primate et matrilinéaire dont elle semble être la reproduction, sans reconnaissance de la paternité, où la femelle vit entourée de ses enfants en bas âge, tandis que les autres membres du groupe, dont les mâles, subviennent chacun à leur propre subsistance. La situation est certainement aujourd'hui différente, car cette femelle n'a jamais désiré la famille monoparentale qu'elle dirige et qui résulte, ou s'accompagne, toujours d'une déception.

Jean-Claude Kaufmann a bien montré cette forme du célibat, avec ou sans enfant, qui espère toujours la venue du « prince charmant », tant le couple lui est apparu difficile à construire. Ce conte de fées rêvé se transforme souvent en cauchemar, car le prince est rarement au rendez-vous. « Ma vie est un désert, il ne se passe rien. Mais j'ai confiance, je sais bien qu'un jour il arrivera [49]. » L'imaginaire des petites filles occidentales a été structuré par des *mythes de l'attente*. *Barbe-Bleue* ou *La Belle au bois dormant* confinent la fille devenue femme dans un rôle passif peu compatible avec le ressenti de l'amour et la réciprocité érotique. Une véritable éducation à l'érotisme et à la sexualité serait nécessaire dans nos sociétés où sont toujours actifs ces mythes qui confinent la jeune fille dans l'attente des intentions masculines et les incitent plutôt à l'intériorisation et au refoulement de leurs pulsions. La psychologie intérieure est fortement modelée par les valeurs sociales dont l'évolution n'est jamais très rapide.

Les nouveaux célibataires

Élizabeth a décidé la vie en solo qui est la sienne depuis quelques années. C'est une situation de transition qui durera si les conditions dans lesquelles elle désire vivre en couple ne sont pas réunies.

« Il me faut cinq conditions, dit-elle, je veux :

– un homme qui m'intéresse, qui n'ait pas besoin de moi pour vivre mais qui soit affectueux. J'ai besoin de romantisme, et ça, je l'attends depuis l'âge de quinze ans ;

– je veux qu'il soit gai, c'est très important pour moi ;

– je n'ai pas envie d'aller vers lui. Il faudra qu'il vienne vers moi ;

– je ne le veux pas à la maison, un homme chez moi, je n'en veux plus ;

– enfin, la dernière condition, c'est le beau temps. Actuellement il fait beau, mais le beau temps intérieur, je ne l'ai pas et celui-là, il est indispensable. »

Tous les ingrédients de la vie féminine en solo sont présents : la déception, l'attente, le désir de ne pas cohabiter et certaines exigences qui rendent la rencontre assez improbable. On pourrait penser qu'il s'agit d'un purisme ou d'une esthétique du célibat, mais les signes du deuil sont souvent présents parce qu'il est difficile de faire rupture avec une vie antérieure. Une part des femmes célibataires sont des veuves qui s'ignorent.

L'autre attitude est le célibat – choix de vie, affirmé comme tel par des femmes jeunes et jolies, vivant dans des grandes villes. Dans un récent sondage sur des femmes célibataires âgées de vingt-cinq à quarante-cinq ans, 84 % déclaraient être heureuses de ce « choix ». Mais si l'on regarde plus finement les résultats de cette étude, 44 % d'entre elles disent ne pas l'avoir choisi et 43 % que c'est à cause d'un échec sentimental. Enfin, la majorité d'entre elles, 56 %, attendent une rencontre amoureuse qui les ferait renoncer au célibat [50]. La plupart des célibataires désirent ne rendre de compte à personne et une très grande majorité (77 %) voient dans cet état un avantage pour mener leur vie professionnelle. La tendance du couple « open » et des nouvelles formes de conjugalité que nous allons envisager semble concilier le désir exprimé par cette majorité de vivre une relation amoureuse, tout en conservant son indépendance, en n'ayant pas de compte à rendre et en se réalisant sur le plan professionnel. C'est-à-dire tout l'opposé du couple traditionnel « fermé » sur lui-même.

La promiscuité

Le foisonnement des expériences qui ont marqué les années 1960 et 1970 a paradoxalement donné cours à un mode de vie qui n'existe pratiquement pas dans les sociétés humaines de la tradition : la promiscuité, sous des appellations différentes et souvent plus honorables comme « mariage de groupe » ou « amour communautaire ». Ces expériences sont intéressantes comme des laboratoires d'idées ou pour tester les hypothèses quant à leur formation. Carl Rogers, qui les a particulièrement bien analysées, parle, en 1972, de deux ou trois mille communautés qui tentaient des modes de vie alternatifs à la famille judéo-anglicane aux États-Unis. Mais, précisait-il, « il est impossible d'établir des données précises car elles naissent, évoluent, changent et disparaissent avec une telle rapidité que tout ce qu'on peut écrire à leur sujet est immédiatement dépassé [51] ». Il insiste tout d'abord sur l'ambiance idéologique qui mêle mysticisme, expériences d'avant-garde, révolution non violente et recherche d'une plus haute conscience de soi. « On y trouve à différents degrés une philosophie organisationnelle, depuis le mouvement "sauvage" des hippies jusqu'à l'anarchie philosophique ou un système plus strictement organisé [52]. » Rogers nous donne neuf exemples de vie dans ces communautés pour tenter d'en comprendre les relations interpersonnelles, dont les relations conjugales et sexuelles. La plupart sont de petite taille, dix à vingt personnes ; certaines sont très souples et libres quant à leur évolution qui dépend de l'entrée et de la sortie volontaire des individus dans le groupe. D'autres semblent plus rigides, en général organisées autour d'un chef charismatique, les règles sont imposées. La caractéristique première de ces expériences de vie est de « tout essayer ». En réalité la dynamique des personnalités et des relations interpersonnelles n'a pas tout permis. Telle communauté, disciplinée et hautement organisée, avait décidé une « alternative viable au capitalisme ». Rapidement le groupe qui était planifié a évolué vers une organisation par consensus. Chaque individu isolé a aujourd'hui un compagnon de chambre avec toujours le principe de la liberté sexuelle. Tel autre groupe, ouvert à tous et de grande promiscuité, utilisa dans le même temps très largement des drogues. Il fut fermé pour insalubrité.

Un autre avait été formé pour expérimenter le mariage de groupe. Il était composé de trois hommes et de trois femmes orginaires de milieux aisés. La sexualité groupale a vite posé des problèmes au point de devoir décréter « quels hommes et quelles femmes doivent dormir ensemble », avec le rétablissement d'une fonction bien connue des anthropologues pour compenser une injustice : le carnaval. Une nuit par semaine était laissée à la liberté de chacun !

Enfin, devant la menace que peut représenter le sexuel libéré d'interdit et de toute régulation, certaines communautés ont été fondées sur un principe non de chasteté, mais plutôt d'exogamie, comme cette maison en campus universitaire dans laquelle il était entendu que tous les habitants trouvaient leurs partenaires sexuels hors du groupe. Les relations étaient alors de l'ordre du lien frère-sœur. Cette communauté a duré huit ans dans un bon équilibre social.

Ces expériences modernes rappellent les premières tentatives, toujours américaines, qui accompagnèrent les mouvements mystiques du XIXe siècle. La colonie avant-gardiste de John H. Noyles, en 1847, dans l'état de New York, comptait plus de cinq cents membres, hommes, femmes et enfants. Chaque adulte avait sa chambre et tout était partagé, le sexe y compris, avec une règle dictatoriale : aucun nouvel enfant ne devait naître !

Paradoxe illogique d'un gourou délirant, le sexe était libre, les unions se faisaient et se défaisaient, mais l'éjaculation était interdite aux hommes, sauf avec une femme ménopausée. En 1868, le maître leva l'interdit pour une nouvelle règle qui déclencha la révolte : « Les hommes les plus jeunes étaient tenus d'avoir des relations sexuelles avec les femmes les plus âgées, tandis que Noyles avait d'emblée jeté son dévolu sur les jeunes filles pubères [53]. »

Cela nous rappelle encore la règle sexuelle hégémonique de certains fondateurs de sectes comme Joseph Smith pour les Mormons. Sur l'enseignement des prophètes de l'Ancien Testament, le « mariage plural » avait été instauré et permis par Smith à seulement 2 % des Mormons dit « capables de subvenir aux besoins de leur famille ». Son successeur, Brigham Young eut dix-sept épouses et cinquante-six enfants. L'alibi invoqué pour cette polygamie opportuniste, qui est encore pratiquée par certains Mormons, est la nécessité de repeuplement du continent américain !

Nous retrouvons des exemples déjà rencontrés qui nous montrent que la promiscuité institutionnelle et une certaine polygamie sont toujours réservées aux hommes riches et puissants, et qu'elles sont imposées par la force ou par les idées à ceux qui en dépendent. Enfin, Rogers remarque que les communautés les plus durables sont celles qui pratiquent l'amour libre ou le célibat, c'est-à-dire un comportement conjugal et sexuel décidé par les membres du groupe. Autres caractéristiques : elles excluent toute compensation du travail communautaire pratiquent des discussions quotidiennes et célèbrent la fête. Les moins durables ont à leur tête un chef puissant qui impose des règles qui lui sont souvent personnelles.

On peut ici prendre enseignement de ces expériences de groupe et faire un lien avec l'évolution actuelle du couple en remarquant que les formes les plus viables semblent être celles où le mode de vie est décidé par les deux conjoints dans une grande liberté vis-à-vis des tiers ; sans revendication par rapport au travail commun ; ce sont aussi des couples qui pratiquent la fête et la discussion. La forme opposée et dictatoriale nous ramène au mariage chrétien fermé et indissoluble dominé par la puissance et la pensée d'un seul individu, le plus souvent c'est l'homme.

Le choix du partenaire ne s'arrête pas à l'hétérosexualité, et des expériences de rencontre entre partenaires de même sexe peuvent faire partie de cette « exploration de tous les possibles », qui a caractérisé ces expériences communautaires : « Je vous présente ma famille actuelle, confie Clyde à Carl Rogers, George, [...] Ann, l'épouse légale de George, la femme dont je partage le lit, [...] Minna, la compagne de George, [...] j'ajoute maintenant Myra, qui faisait partie du groupe que nous recevions, très ouverte aux nouvelles expériences, chaleureuse, hypersensible, hétéro- et homosexuelle ou, si vous préférez, "omnisexuelle" [54]... » Mais ce fait de l'homo-bi-sexualité reste, encore aujourd'hui, très marginal dans les recherches de nouvelles formes d'union. L'homosexualité ne se décide pas, elle se vit et procède d'un choix inconscient d'objet sexuel.

Je mentionnerai enfin dans ce cadre de la promiscuité une pratique dérivée des expériences communautaires, en vogue dans les années 1970, et qui est aujourd'hui largement répandue et faussement banalisée : l'échangisme. Cette forme d'amour, évolution du triolisme, regroupe, sous l'alibi de l'absence de tromperie, des éléments du voyeurisme, de l'exhibitionnisme et souvent de la perversion. Les premières justifications en sont la réalisation des fantasmes, l'accord des partenaires et l'absence de tromperie dans la relation à l'autre. « Il dit que ce n'est pas lui, mais moi qui veux ce genre de rapports », confie Alexandra. Elle a trente-deux ans et vit une relation difficile avec Lionel qui veut vivre l'amour sous toutes ses formes. « Au début, quand il m'a amenée dans des boîtes échangistes, je pensais qu'il y avait des massages, de l'érotisme, de la sensualité. Mais j'ai été très vite déçue, on a l'impression qu'on est dans un film porno, qu'on regarde et qu'on est regardé. Pour moi, il n'y a pas de poésie, les gens ne se parlent pas. Pour lui c'est toujours satisfaisant, pour moi toujours décevant. »

L'échange de partenaires et toutes les formes du « swinging » qui sont aujourd'hui « à la mode » ne sont pas si banales que cela, car se mêlent aux aventuriers du sexe des personnalités perverses qui, parfois, les manipulent, comme dans le cas de Lionel qui affirme à Alexandra que c'est elle qui veut cela alors qu'il réalise son propre désir par l'échange de partenaire. Alexandra devient une monnaie d'échange qui lui permet d'accéder à d'autres corps de femmes mis à sa disposition par d'autres hommes avec qui il entretient plus ou moins consciemment une relation d'ordre homosexuel. L'écueil fréquent de l'échangisme, en partie imposé au partenaire, est la dégradation des relations dans le couple et le risque de formation d'un nouveau couple de rencontre. Le second risque est la tentation du faux conformisme actuel qui empêche le conjoint non consentant de refuser, de peur d'être taxé de « ringard », de « réactionnaire » ou de « démodé ». Le sexe n'a pas de mode.

Le sexe se mêle aujourd'hui de perversion masquée sous couvert de ces pseudo-« modes », obligeant des sujets faibles ou fragiles à s'y conformer, souvent par amour. Katia a vingt-six ans, elle me parle avec un brin de dérision d'une nouvelle forme d'union que désire son partenaire : « L'échangisme c'est vieux, c'est ringard, dit-il, maintenant ça s'appelle le "mélangisme". Il y a une grande différence entre l'échangisme et le mélangisme : dans l'échangisme deux couples se rencontrent, un homme va avec une femme, une femme avec un homme et ils vivent leurs intimités séparées. Dans le mélangisme, on est à côté l'un de l'autre, c'est-à-dire que vous voyez ce qui se passe. Jérôme ne cesse de me dire : tu vois, ça se fait de plus en plus, c'est la mode, tu devrais venir. T'es vraiment ringarde de refuser, car c'est une façon de rester ensemble, de rester fidèle. On ne se trompe pas puisqu'on est ensemble, à côté l'un de l'autre ! » Tous les alibis sont bons contre le désir de l'autre.

Une dimension différente, car ludique et moins perverse, est réalisée par de jeunes couples très communicants et libres entre eux qui vivent des expériences multiples avec un désir mutuel de le faire, mais de façon occasionnelle et moins répétitive. C'est ce que Willy Pasini nomme des « perversions *soft* », c'est-à-dire qui ne sont pas animées par la compulsion perverse de la répétition et en restent au stade du jeu. Mais tous les couples ne sont pas matures au point de pouvoir vivre toutes les expériences.

La polygamie

Polygynie ou polyandrie peuvent se rencontrer dans la période actuelle de plus grande liberté des mœurs, mais cela ne diffère pas beaucoup de ce que nous avons envisagé dans la société occidentale traditionnelle, c'est-à-dire le ménage à trois, la bigamie, des polygamies séquentielles chez les hommes ou les femmes, et toutes les variantes de la double vie qui ont aujourd'hui un aspect bien poussiéreux devant la libre inventivité des couples plus jeunes désirant vivre au grand jour leurs désirs qu'ils ne veulent plus cacher.

La polygamie masquée du mariage conventionnel, mais qui a toujours cours, recouvre souvent des mécanismes psychologiques à l'insu de l'homme qui les vit, comme la fréquente reproduction d'un comportement parental, su ou insu. C'est une situation névrotique qui ne peut être bien résolue que dans une démarche psychothérapique permettant d'abandonner les avantages de ce comportement d'imitation. Ce n'est souvent pas facile, car le fils y a souvent pris goût, autant que le père !

« Je suis un infidèle chronique mais, en même temps, j'ai la hantise du divorce. Je suis très bien avec ma femme, j'ai une relation épanouissante avec elle, sexuellement c'est formidable. Mais pour moi, une autre relation, une double vie est importante et nécessaire. Je ne sais pas pourquoi, mais c'est comme ça ! »

Au-delà de cette répétition, la polygamie clandestine est une tromperie, non de la compagne de l'homme, mais de l'autre homme à qui cet homme prend cette femme. Et c'est la dimension narcissique de cette jouissance tirée de la victoire à l'insu du rival qui en est souvent le bénéfice inconscient. La même situation, vécue par une femme maîtresse d'un autre homme que le sien, est souvent encore plus violemment animée par la jalousie et la jouissance tirée de la domination de la rivale. Si je mentionne moins l'idée de la polyandrie, c'est du fait qu'elle existe très rarement chez les humains sous une forme superposable à la polygynie masculine. Dans leur très grande majorité les femmes sont plus monogames que les hommes et ne s'investissent en général pas avec deux hommes à la fois, sinon pour des aspects complémentaires. La polyandrie existe chez les femmes, mais de façon séquentielle.

Une très belle histoire va conclure ce paragraphe, celle de Florette et de Jacques-Henri. Lorsque Florette rencontre Jacques-Henri, elle a trente ans et lui cinquante. Il est déjà un photographe très célèbre. « Dès le début, il m'a dit que notre histoire ne durerait certainement pas car il était profondément polygame. Et comme j'avais envie que ça dure, j'ai été pour lui toutes les femmes, c'est-à-dire que je me faisais autre, je me déguisais, je me grimais pour le surprendre, je mettais des chapeaux pour qu'il ne me reconnaisse pas, je lui donnais des rendez-vous, on se retrouvait dans un hôtel en secret… et notre relation a duré toute la vie [55] ! » Cette véritable histoire d'amour montre combien l'invention est toujours nécessaire à la pérennité du couple, mais aussi la nécessité de reconnaître et d'accepter les différences. Florette a tenu compte du désir de l'homme qu'elle aimait, et le fantasme est devenu réalité. On ne fonde pas un couple sur du manque, du regret ou des frustrations. Tous les hommes ont le fantasme d'une polygamie imaginaire, c'est-à-dire d'une diversité qui entretient le désir. La femme amoureuse peut en cela lui offrir toutes les facettes d'elle-même. C'est à elle de les découvrir.

La monogamie

Fondamentalement, tous nos contemporains aspirent à vivre en couple, même les célibataires, et en couple monogame, mais dans des conditions d'épanouissement mutuel. Dans cette période de recherche de soi, les nouvelles formes de monogamie nous ouvrent des portes pour une réinvention des couples en difficulté.

Encore une fois, de nombreuses typologies pourraient être faites. J'utiliserai deux approches sucessives. Une description linéaire nous montre tout d'abord l'ensemble des appariements possibles (fig. 6). Le découpage en quinze catégories que je propose est une grille de lecture de l'ensemble des unions possibles, tant dans le monde naturel que dans les sociétés traditionnelles. Le choix sexuel n'est pas mentionné, c'est-à-dire que le couple peut être homo- ou hétérosexuel. Nous avons vu combien certaines unions sont rares (le multipartenariat, la polyandrie) et d'autres très répandues, comme le couple monogame durable ou l'association monoandrie-polygynie.

Nous envisagerons ainsi sept catégories successives de couples monogames : les petits couples ; le couple clos ; l'union libre ; les formes géographiques ; les formes temporelles ; les formes selon la sexualité ; et, enfin, une nouvelle union légale.

- couple monogame mutuel pérenne ;
- couple monogame multipartenaire occasionnel ;
- couple monoandre-polygyne ;
- couple monogyne-polyandre ;
- couple multipartenaire ;
- couple monogame avec hyposexualité ;
- couple monogame sans sexualité ;
- trio stable deux femmes - un homme ;
- trio instable deux hommes - une femme ;
- famille monoparentale femme - enfant ;
- famille monoparentale homme - enfant ;
- homme seul sans sexualité ;
- femme seule sans sexualité ;
- homme seul avec sexualité occasionnelle ;
- femme seule avec sexualité occasionnelle.

FIGURE 6. – *Modèle des appariements possibles*

Cet ensemble de quinze unités sociales de base constitue une grille de lecture de toutes les situations possibles, de nature ou de culture. Ce modèle est utile en thérapie de couple pour comprendre les forces qui sont en jeu dans le social et l'intime.

Les petits couples

« La cohabitation juvénile », selon le terme de Louis Roussel [56], est un phénomène très nouveau qui fait de cette forme conjugale un apprentissage à la vie et un cadre non contraignant pour la maturation des personnalités. Deux jeunes qui vivent quelques années ensemble, entre dix-huit et vingt-cinq ans, ne sont plus contraints de cohabiter toute une vie si leurs personnalités et leurs désirs divergent. La forme classique du mariage unissait les adolescents avant qu'ils ne deviennent des sujets adultes : aujourd'hui ils forment des unions temporaires qui, pour certaines, seront durables.

Les pionniers de cette cohabitation jugeaient le mariage trop conformiste, possessif, enfermant : « À la famille ils opposent le couple, à la légitimité, la liberté. Ils prônent l'autonomie personnelle et l'indépendance à l'égard des familles, cohabiter limite l'intrusion familiale et élargit le monde amical [57]. » Cette opinion de Louis Roussel et d'Odile Bourguignon, qui date de 1978, pourrait toujours être formulée ainsi aujourd'hui tant ce point de vue était une valeur nouvelle appelée à durer.

Le « mariage à l'essai », comme on a pu aussi l'appeler, est un prélude possible à une légalisation de l'union, la naissance d'un enfant étant souvent l'occasion de l'officialiser. Mais aujourd'hui beaucoup de couples restent cohabitants toute une vie, avec ou sans enfants, tant ils savent la nature symbolique du mariage qui, pour certains, change la relation à deux.

« Il y a deux mois Alex m'a dit : maintenant il faut choisir, te marier avec moi ou rien ! Et comme je l'aime beaucoup, j'ai pris la décision et on s'est mariés. Depuis, je suis mal tous les jours, je ne pense plus pareil, je suis très perturbée et je ne peux plus faire l'amour. On est ensemble depuis dix ans, mais avant, quand on n'était pas mariés, je trouvais tout naturel, rien ne me posait de problème. » On ne sait jamais ce que recouvrent les symboles pour les autres.

Claire et Robert Gellmann appellent « petits couples » ces unions qui se forment très tôt, vers quinze-seize ans, entre jeunes, encore lycéens, et dont les amours juvéniles sont abritées par des familles consentantes. Cette complicité parentale apparaît d'ailleurs souvent comme une légalisation bienveillante qui renforce l'idéal amoureux. « Les petits couples d'aujourd'hui sont plutôt fusionnels et leurs parents, mis devant le fait accompli, s'inclinent bien souvent de peur de voir leurs enfants rompre avec eux et la famille du "copain" se montrer plus accueillante et compréhensive qu'eux [58]. »

Un consensus mou accompagne aujourd'hui les formes nouvelles de l'amour, comme si émettre une opinion était réactionnaire. Ces petits couples nous apparaissent à l'opposé de leurs aînés des années 1970, qui transgressaient la loi pour vivre ensemble, avides d'expériences sexuelles avec la nouvelle sécurité apportée par la pilule. Ces petits couples sont aussi à l'image des nouvelles contraintes sexuelles et sociales : « Avec l'insécurité entraînée par le chômage, la crainte des MST et le risque du sida, la constitution précoce du couple paraît être une protection, un havre provisoire [59]. » La position des familles n'est jamais aisée, conciliantes ou opposantes, mais aussi facilement envahissantes par une trop grande complicité qui fait parfois de ce jeune couple l'instrument du désir parental.

Le couple clos

Il existe, et existera toujours. C'est le couple de la tradition, scellé par le mariage et refermé sur lui-même. Ce couple est nécessaire à certains qui recherchent l'assurance et la sécurité du huis clos, mais il est insupportable à la plupart, dès que la personnalité, devenue mature, désire vivre le libre cours de ses pulsions.

« J'ai dit à mon mari que je voulais la séparation. Il est tombé des nues. Je me suis rendu compte qu'il y avait un monde entre nous, qu'on n'avait pas le même langage pour exprimer notre amour. On n'a pas les mêmes besoins et je ne le supporte plus. » Très paradoxalement Marie-Claire vit mal la trop faible présence de son mari, c'est elle qui désire la séparation car le couple n'est pas à ses yeux assez fusionnel. « J'ai une exigence d'amour, d'une présence, de sa présence. J'ai besoin d'une présence permanente. Je me demande si je ne crée pas cette distance pour les retrouvailles. Quand on est séparés longtemps et qu'on se retrouve, j'éprouve des sensations très fortes. C'est peut-être simplement pour ressentir cette sensation que je désire sa présence et que je crée des séparations. »

Son désir infantile de présence permanente du conjoint procède d'un traumatisme de l'enfance dont elle prendra conscience durant sa thérapie, mais qui occupe toute son énergie par le manque qu'il occasionne. Sa personnalité abandonnique, peu construite, ne gère la relation à l'autre que dans le champ de l'interdépendance. Cette demande fusionnelle presque asexuée n'a été viable jusque-là que parce que son mari en tirait le bénéfice d'une tranquillité qu'il espérait éternelle grâce au mariage indissoluble. La menace de son épouse est venue comme un coup de tonnerre inattendu dans un ciel serein.

« Le couple fusionnel est un couple vide. L'un est dans l'autre et réciproquement, dans la contemplation régressive et infantile du partenaire ou du conjoint. Dans ces couples, il n'est pas rare de rencontrer des fusions et des confusions symboliques, le mari étant un vrai père pour sa femme et l'épouse une véritable mère pour son mari [60]. »

Le couple fusionnel est un couple clos sur lui-même, un couple-étouffoir, un couple-prison, selon les multiples qualificatifs qui lui ont été donnés. Le conjoint le plus mature le vit consciemment mal tandis que le plus infantile se raccroche à la présence de l'autre comme une dernière planche de salut : « On s'est connus très jeunes, cela fait vingt-deux ans que l'on vit ensemble, raconte Alain, quarante-cinq ans, et aujourd'hui, je n'ai plus envie de vivre en permanence avec mon épouse. Or le problème, c'est qu'elle ne comprend pas et que si je ne suis pas là, elle est très mal. Elle répète sans arrêt qu'on n'a plus d'avenir, que sa vie n'a plus de sens. » C'est la première fois qu'Alain peut venir consulter seul, son épouse n'ayant jamais accepté jusqu'alors qu'il se déplace sans elle. « Elle ne supporte pas que je fasse quelque chose seul. Je suis passionné de voile, mais je n'ai jamais pu partir seul. Elle n'aime pas ça, mais s'oblige à venir avec moi. On ne peut pas se séparer, mais ensemble on se fait du mal. Je me rends compte que je la rends malheureuse et ça me rend malheureux. » Les paradoxes de la double contrainte éclatent avec évidence dans le couple fusionnel clos, aux autres et à la vie. Il ne dure qu'au prix des résignations de l'un ou des deux, des frustrations et du refoulement des pulsions qui s'inscrivent souvent dans le corps sous forme de maladie psychosomatique, ce pourquoi Alain venait consulter.

Le mariage clos a été décrit par Nena et George O'Neill comme une union dans laquelle la règle est de partager les mêmes amis, d'abandonner ceux que l'un ne peut supporter, d'avoir les mêmes loisirs, de devancer les désirs de l'autre, de soigner et de consoler le conjoint « et de ne jamais se sentir attiré par une autre personne [61] ». Cette union est viable si les deux conjoints restent dans la dépendance infantile toute leur vie et si le milieu familial est suffisamment capable de contenir et d'étouffer leurs désirs d'évolution.

La transition avec des formes plus libres du couple est alors très difficile, car cela nécessite un travail psychologique de deuil de l'état antérieur, de deuil de l'enfance et de ses bénéfices. Les circonstances de la vie, déception, séparation, divorce, peuvent parfois aider ce travail du deuil qui est toujours nécessaire pour changer de position dans la vie et donc dans le couple. Christine Castelain-Meunier image bien ce processus de la transition nécessaire. Elle parle ainsi de la recherche du bonheur : « On l'associe à la fusion avec la personne de ses rêves et c'est l'équation 1 + 1 = 1. Toute la difficulté consiste à savoir faire de la place à l'autre, en soi et dans la relation. Tout l'art consiste à articuler fusion et autonomie : c'est alors 1 + 1 = 2 [62]. » C'est le pari difficile que vont tenter toutes les autres formes du couple que nous allons envisager.

L'union libre

L'union libre est ancienne, elle était depuis longtemps pratiquée dans le milieu ouvrier, puis elle est devenue un moyen de subversion du mariage, dans les années 1960, comme un témoin de la lutte des classes, elle a ensuite pris des formes plus modernes de refus du mariage, d'union sans papier, elle a abrité les couples non reconnus, elle est aujourd'hui le symbole du « mariage *open* ». L'union libre, qui était jugée comme une mauvaise chose par 47 % des hommes et 52 % des femmes en 1975 [63], est aujourd'hui très largement acceptée et même comprise comme une alternative ou une préparation au mariage. La proposition de Margaret Mead, en juillet 1966, d'un « mariage en deux étapes » avec une première période sans engagement définitif puis une éventuelle légalisation à long terme fait aujourd'hui office de projet précurseur. Cette sorte d'institutionnalisation de l'union libre, contraire à son principe de liberté, lui avait été inspirée par son expérience anthropologique car il existe des cultures qui préparent ainsi à un lien à plus long terme.

Les unions « sans papier » ont décuplé avec le seul bénéfice, qui en fait aussi la raison d'être, de pouvoir être rompues sur la seule décision des concubins. C'est la relation libre de deux personnes entre elles qui fonde désormais le couple et permet son maintien, puisque ce sont eux aussi qui peuvent en décider l'interruption.

Ce cadre moins contraignant a très rapidement permis la formation de couples non reconnus qui étaient autrefois rejetés, voire dénoncés car alors pénalement condamnables. Ce sont ceux que Jacques Waynberg nomme les HBTM : Homo, Bi, Tri, Multi. C'est surtout l'acceptation morale de l'homosexualité qui a marqué cette même période. Auparavant l'homosexuel était recherché, dénoncé, traqué, condamné. Ce n'est qu'en 1973 que l'American Psychiatric Association a affirmé que l'homosexualité n'était plus une maladie, qu'elle n'entravait pas les capacités sociales ou professionnelles ! Ce jugement, qui nous apparaît aujourd'hui très déplacé, montre à quel point l'homosexualité a été pour le monde judéo-chrétien un *bouc émissaire* des prétendues perversions sexuelles.

Les couples homosexuels traditionnels ne sont pas très différents des couples hétéros sur lesquels ils ont souvent pris modèle. Mais aujourd'hui beaucoup rejettent l'idée d'une union légale et prônent la liberté dans le couple avec autant de formes, plus ou moins libres dans la relation à l'autre ou l'ouverture aux tiers.

Le couple « ouvert », ou « mariage *open* », de Nena et George O'Neill résume l'ensemble des tendances observées dans le sens d'une liberté mutuelle dans l'union. Cette synthèse peut apparaître subversive tant elle est un modèle opposé à celui de la tradition et tant elle est ouverte aux forces qui peuvent pénétrer le couple pour l'enrichir. Il faut la comprendre dans son entier pour pouvoir en vivre des parties. Dans le couple « ouvert » la plus grande liberté est laissée au conjoint pour vivre ses expériences personnelles. Le couple est ouvert aux tiers, même au tiers qui peut entretenir une relation intime avec un conjoint. « Les relations sont clairement posées comme ambiguës », précise Serge Chaumier : « Il est sous-entendu que le couple n'est pas remis en cause mais qu'il s'agit d'un principe d'hospitalité[64]. » Chaumier montre bien comment ce modèle inspiré de la mouvance soixante-huitarde, qui est « impensable pour la plupart des partenaires », tend à être progressivement intégré dans ses différentes modalités par le plus grand nombre, d'une façon plus ou moins inconsciente. Chacun tolère mieux l'éventualité du tiers, qui fait partie de la réalité possible. Ce « mariage *open* » cultive en outre des valeurs égalitaires, notamment dans l'épanouissement et la réalisation professionnelle tant de l'homme que de la femme. Et surtout fonde la relation à deux sur le dialogue et l'échange de vérité. L'infidélité apparaît plus dans la tromperie du double discours que dans la réalité d'une relation avouée avec un tiers. La différence est fondamentale avec la double vie imposée par le mariage clos et fondée sur le mensonge.

Encore une fois ce modèle du « mariage *open* » est à vivre jusqu'où le couple le désire ou le décide à deux. Le principe étant celui de l'ouverture à la vie.

« Je ne me suis jamais sentie aussi bien », confie Martine, quarante-huit et seule depuis six ans après plusieurs déceptions d'unions toujours contraignantes. « Je me rends compte que j'ai été victime d'une escroquerie depuis vingt ans, car jamais je n'ai vécu cela ! On n'a rien à faire, la relation est facile, légère. Je suis surprise d'être aussi bien. Je me sens enfin libre. Libre d'être avec lui, de ne pas craindre une relation de séduction avec un autre homme. Ce que je m'interdisais mais qui annulait aussi mon propre désir. Et puis j'ose lui dire tous mes désirs et accepter tous les siens sans crainte. Aujourd'hui quelque chose m'a quittée : c'est la peur. » Chacun doit vivre à son rythme.

Les formes géographiques

La forme géographique la plus commune est celle du couple concubin cohabitant. Comme le dit Emmanuel Pierrat : « Il est en effet très difficile, et certainement arbitaire, de trancher pour savoir quand les individus sont en couple et non plus seulement des amants [65]. » La loi du 22 juin 1982 a instauré en France « un droit au maintien du concubin notoire dans les lieux loués... ». L'état de fait institue ainsi le lieu de vie comme preuve de la mise en couple pour les cohabitants. Cette cohabitation peut revêtir de nombreuses formes qui valent pour de la psychologie. Deux conjoints peuvent seulement être colocataires, c'est une forme minimale de la socialisation. Ils peuvent avoir des territoires séparés, des lieux communs, ils peuvent aussi vouloir accéder à la propriété. Ce n'est qu'affaire de degré dans la cohabitation (fig. 5).

Certains couples sont aujourd'hui non cohabitants avec domiciles proches, occasionnellement partagés ou même éloignés. C'était traditionnellement un mode de vie défensif devant l'insupportable présence de l'autre. Ce peut être un mode de vie épanouissant pour certains : « De même qu'on peut vivre ensemble sans se marier, on peut se séparer sans divorcer », revendique Nicole, à distance de son mari depuis près de dix ans pendant lesquels ils se sont obligé une cohabitation conventionnelle difficile à supporter. « Depuis que je me suis affirmée autonome, que je vis ma vie, comme j'ai envie de la vivre, on est beaucoup mieux tous les deux. On n'a jamais rien fait ensemble, même lorsqu'on était ensemble. On est un couple parallèle. La différence, c'est qu'aujourd'hui où l'on a des domiciles séparés il n'y a plus de scènes, plus de reproches, plus de critiques. Il vit comme il veut, je fais ce que je veux et on a beaucoup de plaisir à se retrouver. » Il n'y a aucune recette valable pour tout le monde.

La revendication d'un territoire propre m'apparaît comme un trait plus féminin. Ce sont presque toujours des femmes qui proposent aujourd'hui à l'homme avec qui elles veulent vivre d'avoir des domiciles séparés, parfois éloignés, afin de cultiver une identité, de ne pas user leur couple dans les réalités du quotidien et de se retrouver « pour les bons moments ». Et la réaction masculine est le plus souvent négative car la majorité des hommes vivent mal les chambres ou les domiciles séparés, preuves à leurs yeux du non-désir et donc du non-amour. Le nouveau raisonnement féminin est tout autre, et fait appel aux expériences antérieures : ne partageons pas le négatif quotidien, retrouvons-nous pour des moments d'exception. Il faut pour cela vivre dans le souvenir.

Chantal a trente et un ans, elle est cadre d'une grande société multinationale, habite avec son ami une grande ville de province et exerce depuis un an des responsabilités à Paris où elle réside du lundi au vendredi. La décision de son ami d'acheter une clientèle libérale dans sa ville sonne comme un ultimatum pour la faire revenir. « Pour moi la solution est simple. Comme on n'a pas d'enfant, je lui ai dit : pourquoi ne pas agrémenter notre vie avec un petit chez nous à L., avec la profession de l'un, et un petit chez nous à P. avec la profession de l'autre. Et aller une fois sur deux à P., une fois sur deux à L. Je lui ai proposé cela car je trouve que c'est un mode de vie plaisant et très satisfaisant qui nous laisserait la liberté et l'autonomie et en même temps le plaisir d'être ensemble. Lui, il ne conçoit pas que cela soit possible, il va acheter sa clientèle à L. et veut que je vienne vivre avec lui, quitte à renoncer à ma carrière. »

Un mode de vie, satisfaisant pour l'un ici, ne correspond pas forcément aux désirs de l'autre. Il faut évidemment avoir une même représentation de la vie pour vivre ensemble.

Les formes temporelles

Les formes temporelles du couple rejoignent les distinctions géographiques déjà évoquées mais semblent des modes d'entente souvent plus acceptables par les deux conjoints. Je distinguerai le couple à durée indéterminée (CDI), du couple à durée déterminée (CDD), du temps partiel (CTP) et du couple intermittent (CI) (fig. 5).

La durée indéterminée du couple peut résulter de deux attitudes opposées : par non-décision, dans le mariage indissoluble qui se poursuit inexorablement ; par détermination, dans l'union libre où les concubins vivent la réalité de leur attachement, quelle qu'en soit l'issue. Le CDI n'est alors aucunement une assurance sans risque.

Le couple à durée déterminée est autrement angoissant lorsque l'échéance en a été fixée à l'avance. C'est le cas des couples étudiants appelés à se séparer après une année de cohabitation, à l'instar du couple saisonnier des oiseaux. La plupart du temps, la décision de rupture à échéance est unilatérale. « On est bien ensemble, dit Charlène à Jean-Pierre, mais tu sais que je suis depuis quatre ans avec David et que c'est avec lui que je vivrai en revenant chez moi. D'ailleurs, on doit se marier. » Charlène est étudiante, Jean-Pierre ingénieur, le contrat est tacite, ils vivent ensemble le temps de ses études. Le CDI est toujours douloureux ou même traumatique pour l'un, il est générateur de symptômes, car l'angoisse d'anticipation de l'échéance ne permet aucune tranquillité.

Très différent est le temps partiel qui rejoint le cas de figure des domiciles séparés pour une part de la semaine ou de l'année. « Cette année, on a décidé de ne plus vivre ensemble à temps complet car ce n'était plus vivable », avoue

Gérard qui sort de plusieurs années de crise. « Je viens d'acheter une petite maison à M., elle a sa maison à P. On vit maintenant à temps partiel... On se voit quand ça nous chante, en semaine ou le week-end. Chacun va vivre sa vie et on verra ce qu'on a envie de vivre ensemble. Ce n'est pas une séparation. Ça pourrait le devenir... On va devoir s'adapter à la nouvelle situation. » On sent nettement dans les propos de Gérard que cet aménagement du couple n'est ni totalement décidé ni accepté. Encore une fois c'est souvent un souhait féminin défensif de la trop grande pression masculine au quotidien. Elle dira : « Il voudrait qu'on revienne ensemble, mais je trouve que c'est mieux d'être chacun chez soi et de temps en temps chez l'autre. »

Annie et Christophe vivent très harmonieusement la récente nomination de Christophe comme directeur régional de sa société à huit cents kilomètres de leur domicile : « Vivre séparés une partie de la semaine, ma femme n'y est pas contre. C'est important pour ma carrière, important aussi qu'elle conserve son poste ici, et ça va donner un renouveau à notre couple. J'aimerais arriver à faire lundi et mardi à l'extérieur, revenir mercredi et partir à nouveau pour deux jours. J'aurai un studio où je suis nommé et reviendrai le mercredi, c'est rassurant pour moi, pour préserver mon univers familial et la scolarité de mon fils. »

Jean-Daniel est architecte, il dessine souvent tard la nuit et prépare des expositions avec des rythmes qui lui sont propres. Françoise est médecin, elle suit le rythme de sa clientèle. Leur relation libre et épanouie a trouvé son équilibre dans deux domiciles séparés de quelques centaines de mètres et des temps presque codifiés pour leurs rencontres. « On se voit souvent le matin, elle part tôt et vient me réveiller tendrement ; le mercredi, c'est notre jour, rien ne peut y déroger, ni la vie de l'un ni la vie de l'autre ; et le week-end on le passe généralement ensemble avec des projets déterminés à l'avance. En dehors de cela chacun vit sa vie, comme il l'entend, dans ses passions et ses relations. On est heureux, et ça fait maintenant près de cinq ans. »

Le couple intermittent (CI) est souvent plus problématique. Comme dans le spectacle, l'intermittent est tributaire de conditions extérieures qu'il ne peut maîtriser. Les compensations qu'il en retire ne sont jamais satisfaisantes. Michèle a cinquante ans, elle est une femme épanouie dans une relation qui ne la satisfait pas totalement, du fait même de l'intermittence. « Je suis très bien avec lui, mais il ne veut pas qu'on se voie trop souvent. On ne se rencontre que deux ou trois fois par mois. Entre-temps il me téléphone. Chaque fois c'est super, mais pour moi c'est trop peu. C'est son *modus vivendi*, mais moi, ça ne me va pas. Ça ne me suffit pas. J'aimerais avoir une vie plus fréquente avec lui, mais si je le lui dis, il va partir en courant. » Les aménagements du couple qui sont défensifs pour l'un peuvent ne pas satisfaire l'autre ou ne pas lui suffire.

Les formes selon la sexualité

Point sensible, car au fondement de toutes les unions, la sexualité peut être le lieu de la rencontre et de l'épanouissement comme celui de la discorde et de la séparation. Le couple non intime, platonique, sublimé, asexué, n'est pas rare. Qu'il soit sans sexualité depuis le premier jour ou progressivement désexué, qu'il soit le résultat d'un état de fait ou d'une décision volontaire, le couple sans sexualité est viable, du moins pendant un certain temps, et confirme le fait que la conjugalité n'est pas réductible au sexe. Willy Pasini décrit cinq intimités : l'intimité sexuelle, corporelle, affective, intellectuelle, spirituelle. L'intimité est nécessaire à la pérennité du couple, mais, pour Pasini, au moins trois intimités sur cinq sont nécessaires pour que le couple fonctionne harmonieusement [66]. « Je vois bien, se plaint Marianne, que lui, il imagine la sexualité sans tendresse. Ce que j'appelle tendresse, c'est l'attention, l'affection, être à l'écoute et en attente de l'autre, sans que ce soit toujours physique. Ce que j'aimerais, c'est qu'on puisse séparer la partie tendresse de la partie sexualité. » Le malentendu est constant sur les territoires de l'intime lorsque l'on n'est pas totalement construit ou que l'on est encore en conflit avec soi-même.

Les couples hypersexuels ne sont pas mieux lotis car au risque de l'insatisfaction et dans la crainte de l'impuissance. Il est naturel que l'activité sexuelle d'un couple connaisse des variations, de la phase passionnelle aux habitudes du quotidien et même à l'atténuation sexuelle du couple âgé. Il est fondamental d'accepter ces fluctuations comme normales et révélatrices de la vie du couple.

Une nouvelle union légale

Le 15 novembre 2000, un an après la promulgation de la loi instaurant en France un nouveau type d'union, le Pacte civil de solidarité, plus de six mille PACS avaient été signés. La procédure d'union est simplifiée par rapport au mariage devant le maire de la commune. Elle diffère de la déclaration de concubinage qui est un acte fiscal par une déclaration d'intention signée devant le maire. La loi autorise ainsi deux personnes majeures à s'unir, quel que soit leur sexe. Il est évident que les catégories sociales ou sexuelles exclues par le mariage peuvent trouver dans le PACS une légalisation de leur union, mais cela ne concerne pas uniquement les homosexuels, mais encore les hommes et les femmes qui ne désirent pas le mariage.

À Paris, 75 % des pacsés sont des homosexuels contre seulement 40 % en province. La législation montre ici une certaine adaptabilité à l'évolution des mœurs même si la justice est toujours très en retard sur les mentalités.

Conclusion

Au terme de cet état des lieux de la rupture sociale avec les règles ancestrales, nous ne pouvons que remarquer le foisonnement des expériences de vie, à la recherche d'un nouvel équilibre. La tendance à former un couple est générale, tendance au couple ouvert, au dialogue, à la tolérance, à la différence. Dans le même temps des indices nous montrent une réduction du dimorphisme entre les hommes et les femmes, réduction de la différence de taille, du statut social, atténuation des différences économiques, tous indices qui vont dans le sens, observé dans la nature, d'une plus grande ressemblance entre les sexes des espèces monogames. Cette tendance à l'unisexe, renforcé par la mode vestimentaire, me semble être un révélateur de l'évolution actuelle du monde occidental vers une nouvelle monogamie, certainement de forme ouverte, dont nous devons aujourd'hui inventer les modalités.

5

RÉINVENTEZ VOTRE COUPLE

Nous formons des couples
parce qu'il est impossible de se cacher seul.

Adam Philips, *Monogamie* [1].

Si le couple est peu répandu dans la nature, s'il ne l'est pas beaucoup plus dans la culture, s'il est difficile à accepter dans sa forme rigide et indissoluble et que tant d'hommes et de femmes essaient cependant de le vivre, c'est qu'il sert évidemment à quelque chose. Willy Pasini nous dit que c'est à l'amour : « À quoi sert le couple ? [...] Le couple sert à faire durer l'amour [2]. » L'amour est évidemment le liant du couple et sa première raison d'exister, avant d'être souvent la dernière de subsister. La plupart des gens sont d'abord ensemble par amour, ils restent ensuite par convention, par nécessité, par habitude, mais surtout par absence d'alternative aux conditions de vie mises en place autour de leur union.

Dix raisons d'être ensemble

J'ai ainsi formulé *dix raisons d'être ensemble* (fig. 7) qui recouvrent aussi bien des causes sentimentales (amour, passion) que des contraintes sociales (élever un enfant, nécessité financière), morales (devoir, soutien de l'autre), psychologiques (convention, inhibition, dépit) ou encore de l'opportunisme (intérêt personnel ou financier). Ces raisons ne sont cependant jamais clairement formulées car elles renvoient le plus souvent à un aspect négatif de l'union. Seuls l'amour et la passion passent pour des causes nobles capables de transcender les difficultés de la vie. « Il est d'ailleurs significatif, poursuit Pasini, que les raisons qui incitent à rester ensemble sont souvent négatives : pour ne pas faire de mal aux enfants ou pour ne pas se faire de mal [3]. » La vie de couple ne peut se construire sur des contre-propositions, il va lui falloir des projets communs épanouissants sinon, comme le rappelle Jean Lemaire, « le couple, ça vit, ça mord [4] ! ».

Ensemble par devoir.
Ensemble par convention.
Ensemble par inhibition.
Ensemble par amour.
Ensemble par passion commune.
Ensemble pour élever un enfant.
Ensemble par nécessité financière.
Ensemble par intérêt.
Ensemble pour soutien de l'autre.
Ensemble par dépit.

FIGURE 7. – *Les dix raisons d'être ensemble*

Les dix raisons d'être ensemble ne sont pas exclusives les unes des autres. Certains restent en couple par devoir et autour de l'enfant, sa minorité ou sa majorité donnant le signal de la séparation. On rencontre également les associations devoir et soutien de l'autre, amour et dépit, convention et inhibition... Les « bonnes raisons » qui paraissent suffisantes au maintien du couple se doublent d'un facteur rarement pris en compte, mais qui me semble de la plus haute importance : la possibilité ou non d'une alternative à la situation vécue. Ce facteur supplémentaire de contrainte sera certainement le plus délétère sur l'équilibre psychosomatique. On peut ainsi distinguer les couples avec alternative (AA) des couples avec absence d'alternative (AAA) qui cumulent les doubles contraintes : « Je ne veux plus vivre mon couple, mais je ne peux pas faire autrement. » Ces contraintes peuvent être extérieures à soi-même (conditions financières) ou internes (difficultés d'affirmation, inhibition, soumission).

« Je n'étais pas fait pour vivre en couple, mais je m'en suis aperçu trop tard, confie Paul, ingénieur, cinquante-sept ans et actuellement en congé de fin d'activité. La cohabitation est difficilement supportable, surtout parce que ma femme ne comprend pas. Elle voudrait toujours m'avoir avec elle. C'est pareil pour mon boulot, je m'aperçois que je n'étais pas fait pour cette profession que j'exerce depuis trente-cinq ans. Je me suis moulé dans une coquille qui ne m'était pas destinée et je ne me suis jamais révolté, parce qu'on m'en a empêché très tôt. J'attends d'être à la retraite pour vivre ! » Une telle difficulté d'affirmation est très répandue, d'autant qu'elle engage des choix de vie pour une personnalité fortement inhibée qui est animée d'un grand respect de la conformité sociale.

« Je ne vois aucune issue, je suis prisonnière de mon couple, raconte Évelyne, quarante-deux ans, mère de quatre enfants. Bruno a voulu que j'arrête de travailler pour les enfants. Romain, n'a que deux ans et je vis un calvaire. Depuis qu'il est au chômage c'est un tyran, il est exigeant et me menace. Il y a longtemps que je ne l'aime plus mais maintenant je souffre dans mon corps. Je suis mal, je n'ai pas d'autonomie, je ne vois aucune solution. Si on se sépare, avec les dettes, ça sera pire. » Quand les contraintes morales se doublent de difficultés matérielles, l'étau se resserre. Évelyne fait un épisode dépressif majeur qui complique encore sa situation.

Préalable à l'autothérapie

La réflexion sur les raisons d'être ensemble est un préalable à la thérapie ou à l'autothérapie du couple. Avons-nous une ou plusieurs raisons d'être ensemble et sont-elles les mêmes ? Raisons positives ? On sait combien le sentiment amoureux est rarement une raison suffisante à long terme, mais combien il n'est pas non plus obligatoire. Un minimum de deux raisons communes me semble encore un prérequis pour la pérennité du couple, et pour que ces deux raisons se répartissent entre un lien sentimental (amitié, amour, passion, avec ou sans sexualité...) et un intérêt pour l'investissement de l'autre (activité professionnelle, hobby, passion culturelle, sportive...). Cette simple confrontation, si elle fait l'objet d'un véritable dialogue, peut permettre au couple de commencer à se resituer. Mais ce n'est pas une obligation.

Ce chapitre de la *réinvention du couple* n'est pas un livre de recette, il n'est pas non plus un manuel psychanalytique des raisons inconscientes du déséquilibre conjugal. Il se veut une aide possible à la réflexion préalable d'un couple pour amorcer une autothérapie ou pour s'orienter vers une thérapie de couple. Beaucoup penseront qu'une autothérapie est illusoire, je ne le crois pas. Ils répondent cela en se référant au modèle des difficultés individuelles, la plupart du temps redevables d'un travail personnel avec un thérapeute. Le couple répond à d'autres modèles et, pour une part, ne met pas en jeu les conflits personnels. « La plupart des couples que je rencontre ne présentent pas de véritable pathologie. Ils ne souffrent que des conséquences de leur manque de savoir-vivre [5]. » J'ajouterai que la plupart des difficultés de couple viennent plus de questions constituantes de leur union que du cumul de l'histoire de chacun. Cela n'exclut pas la majoration possible de ces difficultés par la névrose de l'un ou des deux conjoints. Ce livre raisonne plus en termes de structure et de dynamique à deux que sur le modèle classique de la collusion des conflits inconscients dans le couple, pour lesquels il renvoie à de nombreux ouvrages qui traitent de cette dimension [6] ou à une prise en charge individuelle qui pourra être nécessaire et que j'indiquerai alors. Ces approches ne s'excluent en rien.

Pour comprendre enfin la complexité des évolutions possibles de la relation à deux, je propose une courte histoire naturelle du couple qui servira de fil conducteur à mon propos et d'outil d'évaluation pour chacun dans son propre couple : Où est-ce que je me situe ? De quelle façon évolue mon couple ? Quelle direction sommes-nous en train de prendre ?

Histoire naturelle du couple

L'histoire du couple ne commence pas à la rencontre des deux partenaires mais bien avant, ce qui confère un caractère inouï au premier regard : « Quand je t'ai vue pour la première fois, je t'ai reconnue... »

L'un des mystères de l'amour est contenu dans cet instant de la rencontre, avec tout ce qui lui fait écho en nous. « Je tombe amoureux », parce que j'accepte de m'abandonner au jeu hypnotique des images intérieures dans lequel chaque fantasme n'a de sens que pour moi. C'est le jeu de l'amour que l'on pratique à vingt ans, mais également à tout âge de la vie, si l'on accepte de se laisser surprendre par les émotions et les réminiscences. Cela nécessite une grande disponibilité avec soi-même et une bonne dose de « lâcher prise [7] » que peuvent faciliter certaines circonstances de la vie. C'est ainsi que l'on peut tomber amoureux(se) après un choc affectif, dans les suites d'une séparation, lors d'un changement d'activité professionnelle... Le choc amoureux survient alors à l'insu de chacun. Nietzsche le dit magistralement en parlant du séducteur : « Il a lancé un mot en l'air pour s'amuser. Et ce mot, malgré tout, a fait tomber une femme [8]. »

« Tomber amoureux n'est ni un phénomène quotidien, ni une sublimation de la sexualité, ni un caprice de l'imagination. Ce n'est pas non plus un phénomène *sui generis*, ineffable, divin ou diabolique. Ce phénomène peut cependant se classer dans une catégorie déjà connue, celle des mouvements collectifs [9]. » Francesco Alberoni, l'un des théoriciens de l'amour, précise que « tomber amoureux, c'est *l'état naissant d'un mouvement collectif à deux* ». Car il faut être deux et deux seulement. À un, cela s'appelle une fixation amoureuse, parfois encore obsession délirante. À plusieurs, c'est du charisme, de la passion collective, de l'endoctrinement. À deux, c'est le coup de foudre, « l'état naissant » d'Alberoni, puis l'amour et ses « avatars » innombrables.

Ce moment de l'amour naissant est fondamental pour tous les couples car il va conditionner le début d'une histoire et parfois toute une vie. Il est le point de départ d'une phase hypnotique qui va durer quelques jours, quelques semaines, quelques mois, rarement plus, où se mettent en place, à l'insu des deux amants, toutes les conditons de la vie future.

Je parle d'un état hypnotique car l'amour naissant en présente toutes les caractéristiques, si l'on veut bien entendre ce terme d'« état » comme un mode de fonctionnement particulier du psychisme humain qui met pour un temps certaines fonctions entre parenthèses au profit d'autres modes de présence [10]. L'attention est focalisée sur l'objet d'amour au point qu'il occupe toute la conscience et mobilise l'économie personnelle dans son entier :

« Le monde s'est tout à coup transformé, il a trouvé un nouveau centre qui est Barbara. Elle occupe tout mon temps, toutes mes pensées, toute mon énergie. » Daniel témoigne d'un état qu'il ne connaît pas, alors qu'il croyait déjà avoir été amoureux. Il écrit comme il ne l'avait jamais fait, il est poète, il est écrivain. *La lettre d'amour* est ainsi le premier genre littéraire – qui n'a écrit de lettre d'amour ? – car l'euphorie amoureuse est capable de tous les dépassements [11].

L'attention s'est fixée sur l'objet d'amour, le temps est suspendu, l'humeur euphorique, les douleurs et les tourments antérieurs s'évanouissent, on refait le monde et tout devient possible. Les nuits de veille et les jours sans repos signent l'état d'hyperéveil qui caractérise l'amour passionnel dans sa dimension hypnotique : « Il voit soudain ce qu'il ne voyait pas, comprend ce qui lui échappait. En contrepartie, ce qui lui paraissait essentiel devient dérisoire et superflu [12]. » Toute l'économie intérieure se modifie au point de n'avoir plus besoin ni de manger ni de dormir : « Je vis d'amour et d'eau fraîche. »

Ce moment inouï de l'amour-passion a fait couler beaucoup d'encre. L'Antiquité y voyait le signe d'une possession divine, Platon la marque d'Héphaïstos, forgeron de l'amour, Freud celle d'une pulsion sexuelle différée dans le sentiment amoureux, Alberoni nous dit qu'il s'agit d'un mouvement collectif à deux. Tous ces points de vue sont justes en même temps, ils décrivent de façon partielle un phénomène complexe qui occupe l'humanité depuis son commencement.

Autre caractéristique, toujours hypnotique, de « l'état naissant », la levée de toutes les inhibitions – c'est le propre de l'hypnose – qui met le sujet amoureux en prise directe avec l'autre par l'intermédiaire des organes des sens. L'émotion est alors un langage universel : « Je n'ai pas besoin de te parler pour comprendre ce que tu veux dire. » La connivence est totale, la fusion extrême, au sens d'Aristophane d'une complétude de deux moitiés qui ont été séparées ou, dans des termes plus modernes : « On est incroyablement sur la même longueur d'onde. »

Nous sommes alors au plus profond de nous-mêmes, comme très rarement au cours de notre vie, en prise directe avec les émotions, dans cet archaïque où se mettent en jeu des séquences de comportements préprogrammés enfouies sous les habitudes sociales et les interdits de la personnalité. Viennent alors à notre insu des gestes qui font signe à l'autre et qui lui sont intelligibles car ce sont les « universaux de l'amour ». La jeune fille sourit, l'homme bombe le torse, se met à son avantage. Elle hausse les sourcils en écarquillant les yeux, puis baisse les paupières et incline la tête sur le côté en détournant le regard... Parfois elle cache son visage dans ses mains et tourne brusquement la tête en lançant un regard timide. Du Japon en Europe, de l'Afrique à l'Amazonie ou aux îles Samoa, ce comportement est identique, laissant à penser qu'il est inné et constitutif de notre espèce [13].

Dans ce moment premier entre deux amoureux, le regard constitue le principal vecteur de la séduction. « Il n'y a que deux états émotionnels dans lesquels deux personnes se regardent droit dans les yeux pendant un certain temps : l'amour intense et la haine intense [14]. » Les amoureux surpris de cette soudaine désinhibition plongent leurs regards l'un dans l'autre et vérifient inconsciemment le degré de dilatation de la pupille qui révèle les vrais sentiments de l'autre. Comme une porte grande ouverte, plus la pupille est dilatée, plus l'amour est sincère, plus l'abandon est total.

La science l'a montré, mais la conscience populaire avec *les mots du sexe* le sait depuis longtemps, lorsqu'elle parle de « taper dans l'œil », ou lorsqu'une coquette « joue de la prunelle » en tentant d'attirer ses amants d'une « œillade furtive ». Cela rappelle la belle dame, la *bella donna* italienne de la Renaissance, qui avait l'habitude de se farder à la *belladone*, cette plante qui contient de l'atropine et dilate la pupille pour faire illusion [15].

L'émotion est à son comble car rien de la personnalité ne vient censurer un ressenti qui se veut total : « Je reste sans voix à ta vue. Ma langue se brise, la fièvre me brûle, ma vue se brouille, mes oreilles bourdonnent, j'ai chaud, j'ai froid, je crois mourir [16]. » Tous les sens sont en éveil, la vue d'abord, qui est certainement le plus important signal pour les hommes, qui restent très sensibles aux attracteurs visuels : allure féminine au bassin large, implantation et finesse des cheveux, forme des doigts... On connaît le pouvoir excitatoire de certaines silhouettes féminines dont les hommes « tombent facilement amoureux ».

Le canal auditif semble plus important chez les femmes, qui sont particulièrement sensibles au ton de la voix, à la tessiture grave et au registre du discours masculin. Les *sornettes* étaient autrefois des flatteries, des mots doux, contés à une femme pour l'« embobiner [17] ». Les crooners américains eux aussi le savent bien, lorsqu'ils utilisent une voix très grave pour charmer les femmes et les jeunes filles. La plupart des hommes ont oublié, ou n'ont jamais su, que les femmes sont plus sensibles aux mot doux chuchotés à leur oreille, aux histoires qui les captivent et aux longues discussions avec un être aimé qu'à tout autre argument.

Si l'on s'approche encore du partenaire, les goûts et les odeurs sont des fixateurs de l'amour qui marquent leur empreinte indélébile dans les corps et les mémoires. Les odeurs corporelles sont, à notre insu, parmi les plus puissants attracteurs, odeurs subtiles ou plus tenaces, odeurs des aisselles qui stimulent directement les narines du partenaire, odeur de l'aine et des mamelons chez la femme, que l'on a parfois qualifiée de « bouquet aphrodisiaque ». L'effet des odeurs est certain, on a montré le rôle qu'elles pouvaient jouer sur la régularisation du cycle féminin et la capacité reproductive [18]. On ne peut cependant pas parler de phéromones [19], car jusqu'à présent il n'en a jamais été réellement découvert chez l'homme.

Le goût est un amplificateur de l'olfaction, il nécessite encore plus de proximité et renforce le signal d'excitation par le contact des lèvres avec les lèvres, des lèvres avec la peau, des lèvres avec d'autres muqueuses. Nous sommes au plus intime de la relation amoureuse et la levée des tabous ou de la pudeur caractérise l'état naissant de l'amour. Nous retrouvons ici la règle fondamentale du vivant que nous avons déjà énoncée au début de notre réflexion : *la création du couple est fondée sur l'inhibition de l'agressivité naturelle, préservatrice de l'autonomie individuelle*. C'est la seule condition qui permette d'accepter une proximité et une intimité totale, et l'état hypnotique est le moyen nécessaire à cette levée de l'inhibition. Faute de quoi, l'irritabilité et les comportements agressifs se réinstalleront entre les deux partenaires qui auront été un temps amoureux mais qui seront redevenus des étrangers.

Je développe ici longuement ce moment de la rencontre amoureuse et de l'état naissant de l'amour car il contient tous les ingrédients de la pérennité de l'union. On se focalise souvent sur la crise conjugale et l'état du couple en conflit alors qu'il est important de comprendre son histoire et son commencement. Il suffit souvent de rappeler ces débuts pour réveiller la dimension amoureuse.

Dans ce moment inouï de la levée de l'inhibition naturelle, tout devient possible, des comportements les plus intimes aux jouissances inhabituelles. C'est ce qu'Alberoni appelle *la sexualité extraordinaire*, opposée à une *sexualité ordinaire* proche des besoins matériels, de la faim et de la soif, et qui accompagne la vie quotidienne. La sexualité extraordinaire « devient alors le moyen grâce auquel la vie explore les frontières du possible, horizons de l'imaginaire et de la nature. C'est l'état naissant. Cette sexualité est liée à l'intelligence, à la fantaisie, à l'enthousiasme, à la passion, elle est inséparable d'eux. Sa nature est de bouleverser, de transformer, de rompre les liens précédents [20] ». Il ne faudra jamais oublier la sexualité extraordinaire, pour ceux qui ne l'ont pas connue, la découvrir, ou trouver les moyens de la raviver pour ranimer le couple et lui donner longue vie.

Ce déterminisme de l'état amoureux, pour une part inné et biologiquement organisé, se teinte de culturel, de l'histoire et de la personnalité de chacun, des conventions sociales et des effets de la mode. Pour réagir aux signaux d'amour qui lui viennent d'en face, la femme amoureuse répond par des gestes et des signaux, biologiques et culturels, des attitudes réceptives, torsion des reins, balancement de la marche, parures, vêtements, ornements, fards, coiffures... L'homme fait des performances intellectuelles ou sportives, il cultive les lignes pures du visage, son parfum, sa coiffure, des accessoires, lunettes, cigarettes, sa puissante automobile... Les comportements d'offrande sont de rigueur, ils complètent le rituel de la parade : cadeau, bijoux, spectacles, voyages et surtout restaurant, car l'offrande alimentaire, la plus répandue dans le monde animal, a l'avantage, chez les humains, de s'accompagner d'alcool qui tous deux induisent calme et détente. Nous sommes insensiblement passés de la nature à la culture. Ces éléments de la séduction qui sont indispensables à l'état naissant de l'amour font toujours cruellement défaut chez les couples en difficulté.

Tout le monde l'a remarqué, l'amour ne dure que deux ans. Et pour beaucoup, la phase passionnelle est encore plus courte, quelques semaines, quelques mois. Au-delà, l'excitation s'apaise, et la société reprend ses droits. Car l'état amoureux est subversif et l'ordre social ne peut tolérer longtemps le dérèglement des passions. L'entourage devient rapidement hostile devant ce bonheur qui n'est pas partagé par tous. C'est ainsi que l'amour peut sembler immoral à certains car il dérange les relations stables et légitimes. Il est un danger pour l'ordre familial établi qui craint la contagion mimétique. De nombreuses sociétés ont ainsi réglementé l'amour, qui trouve sa place à la fin de l'adolescence et qui n'est plus accepté par la suite.

L'amour dure deux ans, mais peu de couples en acceptent la réalité ou en prennent réellement conscience. Il y a alors le risque de confondre l'habitude d'être ensemble avec la phase amoureuse dont on a oublié la magie libératrice. Helen Fisher le formule différemment : « Certaines personnes ne supportent cet état passionnel que quelques semaines ou quelques mois. D'autres [...] parviennent à conserver durant des années l'exaltation des premiers jours. Mais la plupart des partenaires qui se fréquentent régulièrement ne restent euphoriques que deux ou trois ans, guère plus [21]. »

Michael Liebowitz, un psychiatre américain qui s'est intéressé à la « chimie de l'amour », explique le caractère limitant de l'excitation amoureuse qui ne peut se prolonger longtemps en raison du haut niveau d'activation cérébrale qu'elle nécessite. L'hyper-éveil de l'amour naissant est la conséquence d'une imprégnation hormonale extra-ordinaire, d'une grande activation des hormones cérébrales, sérotonine, dopamine, noradrénaline, activation qui ne peut pas se poursuivre très longtemps [22]. Le contrecoup de l'euphorie amoureuse survient pour certains, c'est un état dépressif, car il en est l'exact opposé. En cela la facilité à tomber amoureux(se) et la durée de la phase passionnelle sont certainement très liées au niveau de l'humeur.

Cette transition de l'amour naissant à l'amour durable, ou au non-amour, m'apparaît fondamentale dans l'histoire du couple car elle va conditionner l'ensemble de la vie ultérieure. Selon qu'il se passe des événements marquants et irréversibles au cours de cette période, la suite de l'histoire ne sera pas la même. Nous sommes encore dans un rapport passionnel à l'autre qui rend aveugle sur une part de la personnalité et sur les habitudes du quotidien. Et c'est dans ce temps de l'illusion que vont se prendre la plupart des décisions importantes d'une vie, ou plutôt des non-décisions, si l'on accepte bien l'idée que l'on est encore dans l'illusion amoureuse. Cela serait sans conséquence si cette illusion se poursuivait toute une vie, mais on ne l'appellerait pas illusion. Une illusion est faite pour cesser.

Si, pendant ce temps de la phase passionnelle, surviennent donc un mariage, un enfant ou une décision de cohabiter, des raisons morales et sociales se mettent en place pour faire durer le couple. On peut même se demander si ces événements ne servent pas uniquement à faire durer le couple car, si l'on envisage l'évolution du couple non fécond (fig. 8), on prend bien conscience du rôle limitant du mariage dans la possibilité de faire un autre couple. En milieu naturel le couple non fécond n'a pas de raison d'être puisque dans les espèces monogames le maintien de l'association du mâle et de la femelle se fait autour de l'élevage des petits. L'évolution du couple humain est tout autre. La poursuite satisfaisante

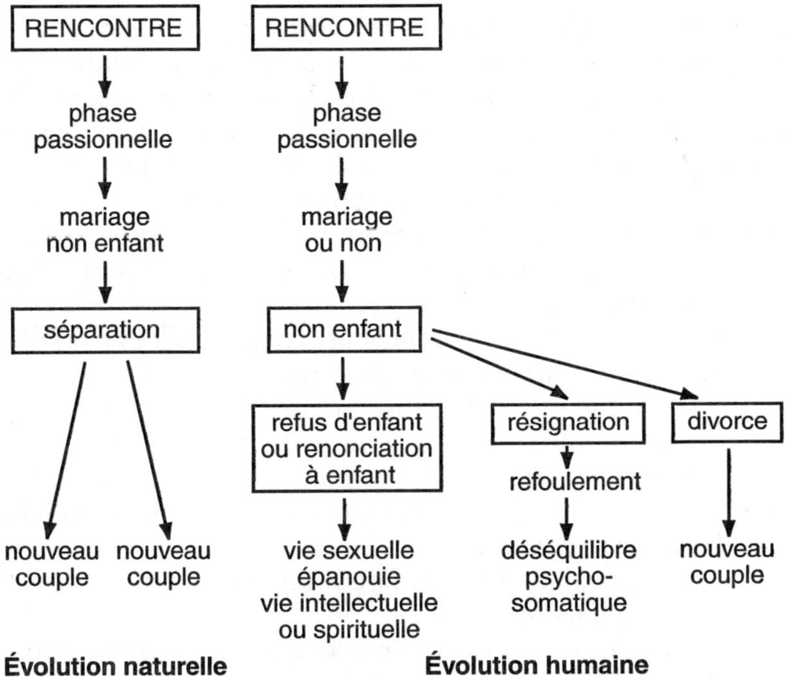

FIGURE 8. – *Évolution du couple non fécond*

La différence est très nette dans l'évolution du couple non fécond en milieu naturel et en milieu humain. Le couple non fécond n'est jamais viable dans la nature puisque l'association monogame du mâle et de la femelle se fait autour de la fécondité et de l'élevage de la progéniture. En sociétés humaines, le maintien en couple peut résulter d'un choix délibéré, ou encore d'un non-choix lorsque l'absence d'alternative oblige à la poursuite du couple.

de l'union ne peut procéder que de la décision mutuellement consentie de ne pas avoir d'enfant, ou de la renonciation pour stérilité, acceptée par les deux conjoints. Certains couples sans enfant ont construit leur union sur une vie sexuelle épanouie ou encore sur la réalisation de projets personnels, sur une vie intellectuelle ou spirituelle.

La poursuite du couple infécond non décidé ne peut que générer un refoulement des affects et de l'idéal de vie, dont il est difficile de faire le deuil. L'équilibre psychosomatique est alors menacé. Comment faire cohabiter un sentiment d'amour, s'il existe, et le renoncement aux idéaux infantiles ? Dans l'hypothèse d'une liberté de parole, le divorce sera demandé et chacun formera un nouveau couple, comme dans le modèle naturel. Et ce couple sera souvent fécond, car il existe de multiples causes, incomprises, d'infertilité qui procèdent à la fois de la psychologie relationnelle et de réflexes archaïques ou de déterminismes naturels que nous ne connaissons pas.

Nous sommes à la fin de la phase passionnelle et trois cas de figure se présentent à nous (fig. 9) :

– le couple se poursuit uniquement pour des raisons morales ou sociales : *c'est le couple obligé* ;

– le couple, marié ou non, se poursuit parce que le sentiment amoureux est fort et se tranforme en amour durable : *c'est le couple amoureux* ;

– la désillusion s'installe dans un couple non marié : *c'est le couple sans illusion*.

L'évolution du troisième cas reprend l'évolution naturelle du couple non fécond (fig. 8), la désillusion s'installe et la séparation permet la formation de nouveaux couples.

La différence entre les deux premiers types de couples est rarement faite car, pour se rassurer, la plupart des gens mariés déclarent aimer leur conjoint. Par contre, si on leur pose la question : « Si vous n'étiez pas mariés, resteriez-vous ensemble ? », la grande majorité des premiers répondent « non ». La poursuite de l'union non désirée menacera évidemment l'équilibre psychosomatique. Nous allons d'abord envisager l'évolution du couple amoureux.

Le couple amoureux

L'*amour naissant* devient *amour* par une série d'étapes que chacun impose à l'autre. C'est dans ce dépassement que se fait la rencontre. Le risque en est grand, car sinon c'est le désamour. « Le passage à l'amour, dans notre souvenir,

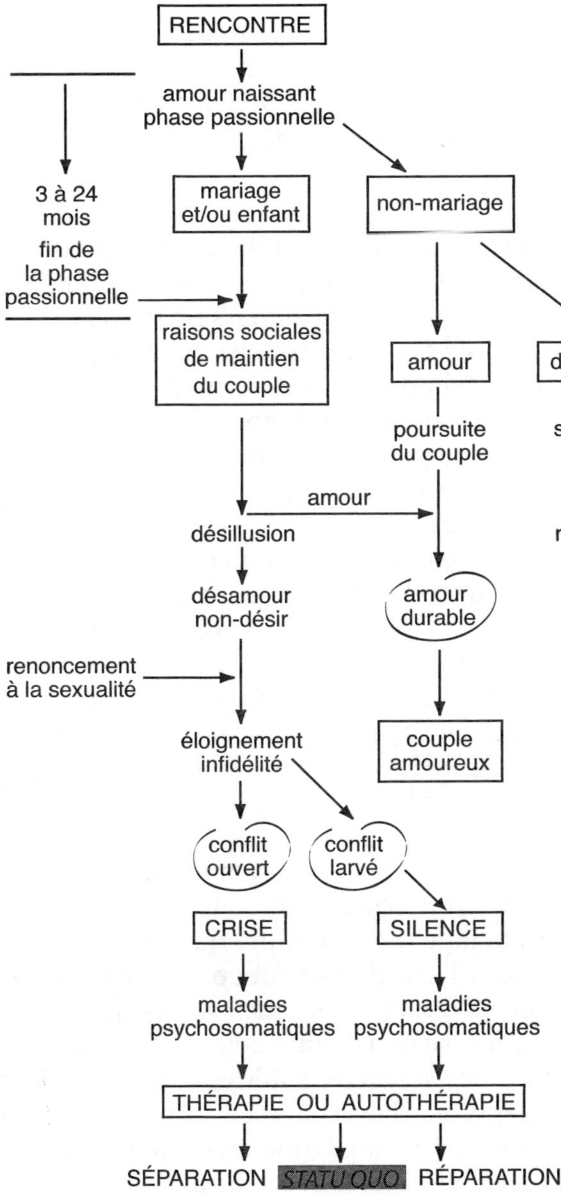

FIGURE 9. – *Évolution complexe d'un couple fécond*
(modèle humain)

s'effectue au fur et à mesure que se remplissent les espaces du quotidien à travers le fait de se consacrer à l'autre, de prendre soin de lui. L'enthousiasme s'éteint doucement dans un dévouement plein de tendresse [23]. »

L'ÉPREUVE DU QUOTIDIEN

L'épreuve du quotidien est certainement la première qui se pose à un couple en formation, c'est aussi la première à le mettre en péril. Or c'est dans le dépassement des épreuves que la plupart des couples trouveront leur équilibre. Le quotidien, c'est-à-dire « chaque jour », renvoie à la dimension temporelle et au retour de la réalité après la phase amoureuse de « suspension du temps ». Ici, les journées ont vingt-quatre heures, elles sont une succession de moments partagés ou non. Et un équilibre est à trouver dans ce partage, certainement pas sur un mode comptable et une obligation d'égalité, mais plutôt sur celui de l'équivalence affective. Le caractère trop obsessionnel de l'un ou le souvenir inconscient d'un parent « comptable du quotidien » pourra être un handicap à l'évolution du couple : « J'en fais toujours plus que lui. Oui, il m'aide aux tâches ménagères, mais pas comme je voudrais. J'ai fait une répartition des tâches et il ne la suit pas. Ma mère faisait ça, mon père s'y pliait et ça allait toujours bien. »

La tenue d'une comptabilité, ouverte ou cachée, tue plus facilement le couple que tout autre moyen. L'épreuve du quotidien ne se résume pas au « ménage », elle comprend tout ce qui est partagé par le couple ou la famille, tâches matérielles ou non. Elle ne doit surtout pas devenir un moyen de revendication, de rétorsion, un instrument de vengeance. Le projet d'existence se construit à deux, l'idéal serait de ne pas lui substituer des schémas antérieurs préconçus, c'est-à-dire des modèles vécus dans l'enfance. Le couple amoureux y parvient grâce à l'invention. L'imagination est la plus sûre valeur d'un couple. Ne vous laissez pas aller à des schémas tout prêts, *inventez votre couple* à votre façon !

LE MAINTIEN DE LA PASSION AMOUREUSE

Autre étape difficile à négocier, le deuil de la passion se fait souvent à l'insu du couple qui n'en a pas parlé. Les comportements se ritualisent, s'automatisent, la séduction s'estompe, le désir s'émousse et le couple risque de se retrancher dans un quotidien stérilisant de son amour naissant.

À l'opposé, le couple amoureux, et qui le reste, rivalise d'ingéniosité pour conserver la séduction indispensable au sentiment qui l'anime. Si la passion ne peut pas être vécue au quotidien, le deuil n'en est pas obligatoire si le couple la fait renaître régulièrement. C'est l'un des secrets de l'amour au long cours. L'état initial est entretenu, gardé en sommeil et ranimé pour un week-end, une soirée ou plus encore. Cela nécessite de développer et d'entretenir une capacité permanente à la réceptivité amoureuse pour l'autre.

L'inventivité du couple et sa disponibilité à l'amour sont le meilleur antidote contre l'émoussement du désir. En cela le couple amoureux ne peut être qu'un couple mature ouvert aux autres et à la vie. Le vieux modèle de « l'amour qui naît du manque » aboutit, au contraire, à la stérilisation de l'amour par la présence de l'autre au quotidien. C'est le couple-étouffoir : « Si l'amour est manque, nous dit André Comte-Sponville [24], et dans la mesure où il est manque, nous n'avons guère le choix qu'entre deux positions amoureuses, ou deux positions quant à l'amour. Soit nous aimons celui ou celle que nous n'avons pas, et nous souffrons de ce manque : c'est ce que l'on appelle un chagrin d'amour. Soit nous avons celui ou celle qui ne nous manque plus, puisque nous l'avons, que nous n'aimons donc plus puisque l'amour est manque : c'est ce qu'on appelle un couple. » Dans cette hypothèse où l'amour est désir, et le désir est manque, poursuit Comte-Sponville, « voilà pourquoi il n'y a pas d'amour heureux ». Les couples amoureux ne vivent pas le désir comme un manque de l'autre mais comme une pulsion de vie qui émane de soi.

LE DÉSIR ET L'AMOUR

S'il existe des cas, peu fréquents et acceptés, d'amour sans sexualité et sans frustration ni de l'un ni de l'autre, l'amour durable est en général renforcé par une sexualité mutuellement satisfaisante. J'estime qu'il n'y pas plus d'un tiers des couples à vivre un tel équilibre affectif et sexuel, un autre tiers environ dans lequel l'un des deux conjoints vit une profonde frustration sexuelle ou affective, enfin un tiers des couples qui ne font jamais l'amour.

Ce couple de l'amour durable connaît la liberté des conduites amoureuses et l'entretien du désir par le jeu de la nouveauté, que ce soit au quotidien ou dans l'intimité. Il est évident que *désir* ne signifie pas uniquement désir sexuel, mais passion du partage des moments de la vie sur le mode de la jouissance. La liberté des comportements sexuels implique une bonne connaissance de soi et une juste perception des désirs du partenaire. Tout peut être libre dans l'intimité de deux amants qui s'aiment, mais rien qui ne gêne l'autre.

L'émoussement du désir est souvent évoqué dans la poursuite du couple au long cours, comme une fatalité à laquelle il ne pourrait pas échapper. Des arguments expérimentaux ont même été avancés, comme le moindre désir d'accouplement chez l'animal auquel l'on proposait toujours le même partenaire ou la désensiblilisation des sites cérébraux aux endorphines par excès de stimulation, ou par un moindre attrait pour la nouveauté.

Ces réalités biologiques ne sont qu'une partie de nos déterminants. Nous devons en être conscients et nous attacher à développer la part culturelle de l'amour que l'on nomme *érotisme* chez les humains. Les couples amoureux le savent pertinemment, ce sont des amants qui pratiquent la PMI, selon le mot d'une jeune femme amoureuse : « La

Prostitution Mutuelle Institutionnalisée ». Si l'on en revient à l'étymologie, sa formule décrit bien le rapport charnel qui reste épanouissant pour un couple amoureux : *prostitution* désigne l'amour profane et le fait de « se livrer aux désirs de l'autre ». Cette prostitution mutuelle instituée d'un commun accord dans le couple est certainement l'un des meilleurs facteurs pour l'entretien du désir au long cours.

LE PROJET DE L'AUTRE

Accepter et accompagner le projet de l'autre même et, surtout, s'il n'est pas le sien, voilà le plus sûr ferment de l'union. Au plus profond de soi, chacun a un projet de vie, su ou non su, qui remonte souvent à l'enfance et qui fait un jour surface dans le couple avec ses affirmations terroristes : « Si tu m'aimes, tu acceptes aussi mes choix de vie. » À quoi il est toujours répondu : « Ça fait cinq ans qu'on vit ensemble et tu ne m'en avais jamais parlé ! »

La plupart du temps, ce projet ne coïncide pas avec celui du partenaire, plus affirmé ou plus extraverti, qui avait formulé le sien depuis longtemps. Mais le jeu du renoncement par amour à une part de soi ne doit pas trop se prolonger, et l'un ne peut renoncer à tout, sinon l'amour perd son sens et devient soumission. Il n'y a là aucune recette préétablie pour trouver sa place dans l'imaginaire de l'autre. La vie en commun procède de deux projets de vie. Certains sujets passionnés et très entiers pensent qu'il ne faut faire aucune concession et aménagent donc le quotidien pour que chacun vive son propre projet sans altérer l'identité de l'autre. Ces couples avec rencontres alternées, domiciles séparés et vie intermittente (CI) dont nous avons parlé répondent à ces exigences d'absolu. D'autres envisagent un projet commun qui réalise pour partie celui de chacun. D'autres enfin ne sont pas viables, malgré l'amour, car leurs projets de vie sont incompatibles. Et le couple ne survit en général pas à une telle divergence.

Georges a cinquante ans, il est retraité de l'armée et a

toujours connu une vie active. La retraite n'a que peu de sens pour lui, alors que son épouse, lasse des déménagements et des postes à l'étranger, aspire enfin au retour dans sa région natale pour vivre en famille. Le couple est amoureux, mais les projets sont trop différents : « Pour moi, c'est un enterrement de première classe, j'ai toujours vécu à l'étranger et les tropiques me manquent. Il faut que j'aille voir ce qui s'y passe. Je veux m'engager dans l'humanitaire. Je suis très partagé car j'aime ma femme et on est bien ensemble, mais aujourd'hui nos vies sont incompatibles. »

Le projet à deux ne peut se faire sur un moi mutilé ou incomplet, il ne peut s'organiser sur du refoulement et de la nostalgie. La distance est ici trop grande. Mais la plupart des couples amoureux bâtissent un projet qui procède de chacun, qui précède de chacun et nécessite une part de réciprocité. Encore une fois on ne peut être amoureux et comptable des différences.

Le couple obligé

Le couple « obligé » se poursuit pour des raisons morales ou sociales avec, bien entendu, les restes d'un amour qui est mal entretenu. C'est l'un des cas les plus fréquents, dont nous allons envisager les perspectives à long terme. Les difficultés de vie constituent le lot commun de cette détresse conjugale et souvent le point d'appel de ces couples en difficulté. Je les décrirai en huit points qui ne sont pas exhaustifs.

VIOLATION DE TERRITOIRES

« Il ne parle jamais, garde tout pour lui et ne montre rien. Si ! il me parle quelquefois, mais de choses et d'autres qui ne me concernent pas. Il ne se confie à personne, c'est un mur. Sa mère est partie très tôt, lorsqu'il était enfant, et il n'a vécu qu'avec son père et son frère. Ensemble, ils ne se parlent que sur un plan superficiel. »

Malgré cette histoire personnelle lourde et l'éventuel

traumatisme du départ de la mère, ce comportement masculin fortement accusé semble pour partie constitutionnel, c'est-à-dire inné, mais nous n'avons aucun moyen de le montrer. On sait bien que dans la petite enfance les filles parlent avant les garçons et que, très rapidement, elles ont une plus grande aptitude aux relations sociales par le langage. Les garçons, quant à eux, ont un langage plus pragmatique et utilitaire. Une part de ces différences sont certainement biologiques puisque les zones cérébrales du langage sont fonctionnelles plus tôt chez les filles, mais elles ont aussi des composantes culturelles car le registre de l'imaginaire est tout autre d'un sexe à l'autre. Les territoires de l'intime empruntent ainsi des chemins bien différents et ne se recouvrent pas souvent.

Les psychologues ont montré de nombreuses différences entre hommes et femmes. Si l'on s'en tient à des archétypes, on peut parler de territoires distincts : pour les femmes, il n'y a pas d'intimité sans dialogue ni partage verbal. Elles recherchent plutôt l'étroitesse des liens ou même la dépendance, ce qui expliquerait un plus fréquent vécu d'abandon.

Pour les hommes, côtoyer le conjoint sans échanger de parole constitue tout de même un partage, partage de temps, partage d'intérêt. Les hommes privilégient ainsi l'autonomie, l'indépendance et même la solitude.

Enfin, lorsqu'ils sont en difficulté, hommes et femmes réagissent plutôt différemment, les femmes demandant plus fréquemment de l'aide que les hommes [25]. L'expérience quotidienne avec des couples en difficulté nous montre la justesse de ces tendances masculines et féminines, au-delà des histoires personnelles. C'est l'objet de cette *rénvention du couple* de proposer un réaménagement de l'union indépendamment des névroses, redevables quant à elles de thérapies individuelles.

Un autre exemple de violation du territoire, ou plutôt de territoires non partagés, est représenté par une activité aujourd'hui très pratiquée par les hommes : l'ordinateur. Il nous fournit également un modèle très masculin de fonctionnement : le temps partagé, en anglais *time sharing*, qui donne l'illusion d'une présence permanente alors que l'activité est partagée entre plusieurs tâches. Ce modèle s'oppose au « temps réel monotâche », seul mode de relation désiré par une femme.

« Moi, je m'intéresse à plein de choses, en premier lieu à ma femme et à ma fille mais aussi à la musique et surtout à l'informatique. J'aime partager du temps avec les autres, avec mes amis. Pour Malika, il faudrait que je sois mono-passion. Elle ne supporte pas que je passe la nuit avec mon ordinateur. » Malika et Xavier sont en crise. Leur couple a deux ans et leur bébé n'en a qu'un. Leurs territoires ne se recouvrent presque pas. Xavier ne comprend pas la situation et Malika est malheureuse. « Je ne supporte plus Xavier. Je ne le vois plus, il est toujours devant son ordinateur. Je suis mal, hypermal. J'en ai marre de son ordinateur. Chaque jour c'est radio, télé et Internet en même temps. Je ne peux pas vivre comme ça. Lui, il dit qu'il a besoin de tout en même temps, vingt-quatre heures sur vingt-quatre ! C'est tout le temps, tout le temps, tout le temps... Il y a deux ans qu'on n'a pas eu un moment normal entre nous. Je n'ai plus envie de partager ma vie avec quelqu'un qui la partage avec un ordinateur. »

La question du partage est fondamentale dans un couple mais il faut préciser la nature des territoires et la valeur du mot *partage*. Si les hommes qui parlent peu font un effort dans le sens du dialogue, il est important que les femmes avec qui ils vivent acceptent de pénétrer dans l'univers du « temps partagé » pour ne pas vivre le partage du temps comme un abandon.

L'ENFANT OU LE COUPLE

« Je me sépare ! », déclare Jéremy, six ans, lors du divorce de ses parents. Par cette formule très parlante, il rappelle, si on l'avait oublié, qu'un enfant est « moitié papa, moitié maman », selon l'expression de Geneviève Hagg [26], et que la séparation n'est jamais anodine. L'enfant deviendra souvent un symptôme du couple en séparation dans une dernière tentative de rapprochement des deux moitiés, tentative de réparation de lui-même qui n'est, le plus souvent, qu'un cri dans le désert. Seule attitude à pouvoir aider l'enfant dans son dilemme intérieur : qu'il n'y ait, pour chacun des deux parents, aucun doute sur la séparation. L'enfant sait alors qu'aucun symptôme de sa part ne peut faire revenir l'un ou l'autre sur sa décision.

L'enfant de la séparation est le dernier épisode d'un feuilleton qui a souvent commencé par sa présence comme tiers dans un couple qui n'y était pas préparé. « Je pense qu'on a été un couple jusqu'à la naissance de mon fils, se plaint Julien, trente-cinq ans. Depuis onze ans, notre couple n'existe plus. » Julien ressent presque de la jalousie envers ce fils qu'il a tant désiré et qui accapare toute l'attention de la femme qu'il aime. Ils n'ont plus de relations sexuelles depuis dix ans, le désir de Laure s'est évanoui un an après la naissance de Léo, et elle ne comprend pas.

Cette histoire est si fréquente qu'elle doit être entendue comme le cas d'école d'un couple qui unit une femme et un homme non préparés à la vie à deux, avec tout ce que cela implique du deuil non fait des images antérieures. Ils ne sont pathologiques ni l'un ni l'autre, mais ne sont pas sufisamment matures pour ce qu'ils ont à vivre : la vie à deux et la naissance d'un enfant. Le désir féminin s'atténue ou disparaît quand le fils représente mieux l'idéal œdipien que le mari. Cela se fait à l'insu de la femme, mais aussi de son mari qui n'est pas suffisamment à l'écoute du registre émotionnel. L'alternative qui est souvent posée, de l'enfant ou du couple, ne se justifie pas lorsque le couple est clair avec son passé. La grande difficulté aujourd'hui est la fréquente immaturité des couples qui enfantent.

LE DÉSAMOUR

Le couple obligé, confronté aux difficultés qu'il n'a pas désirées, évolue vers la désillusion, le non-désir et le désamour.

Le désamour est l'aboutissement d'un désespoir qui naît de la prise de conscience de l'échec du couple. Mais cette alchimie se fait le plus souvent en secret, ou à l'insu du désamoureux. Le désamour fait en général suite à de nombreuses épreuves non résolues, qui vont user les capacités défensives de l'homme ou de la femme qui les subit en silence, qui cache ses doutes, ses aspirations, ses espoirs refoulés. Mais il existe un point de non-retour à partir duquel l'espoir se transforme en certitude que la relation ne changera pas, puis en désespoir et en désamour. Parfois encore c'est la prise de conscience que l'amour n'a jamais existé.

La suite est toujours difficile à vivre, lorsque l'amour de l'autre se transforme en douleur, méfiance, colère, haine. S'affrontent alors amour et désamour dans une lutte inégale, car elle est vécue par l'un comme la lutte de la sincérité contre la trahison, de l'illusion contre la réalité.

Le désamour peut prendre une forme plus « soft » et se transformer en amitié : c'est souvent exclusif d'une forme amoureuse et l'amorce d'une déception pour beaucoup, car là où il y a amitié, il n'y a plus amour. C'est une réalité clinique que La Bruyère pressentait lorqu'il énonçait : « L'amour et l'amitié s'excluent l'un de l'autre [27]. » C'est vrai de l'amour perdu qui cherche la voie de l'amitié, preuve s'il en est que l'amitié n'est pas un degré inférieur de l'amour mais un témoin de la réconciliation lorsque la passion s'est éteinte. L'amitié dans le couple exige d'avoir fait deuil de l'érotisme et de la sexualité, deuil souvent facilité par les inhibitions infantiles mais rendu particulièrement difficile, voire impossible, s'il subsiste des frustrations. Cette voie de l'amitié seconde ne me semble pas procéder d'un choix mais plutôt d'une nécessité. Si le deuil du sexuel n'est pas fait, ou s'il est unilatéral, *les couples avec amitié* peuvent tenter de trouver un équilibre par un supplément libidinal extérieur, amant ou maîtresse. Mais cette transition est toujours difficile car elle peut raviver la jalousie qui est un sous-produit de l'amour perdu [28].

La dernière issue du désamour, c'est le refoulement et la résignation lorsqu'il n'y a aucune alternative à la coexistence avec l'autre. Cette résignation prend la teinte que lui confine la personnalité : irritabilité, colère, dépression ou soumission passive, comme c'était traditionnellement le cas pour les femmes qui se découvraient femmes en même temps qu'elles prenaient conscience du désamour et de leur relégation à perpétuité.

Avec Claude Bensch, Boris Cyrulnik, Hubert Montagner et quelques autres, nous avons travaillé pendant deux ans sur les relations de l'animal de compagnie avec l'homme. Et à chaque instant de cette réflexion inédite venaient à notre insu des associations d'idées, des parallèles, des métaphores avec l'image que nous avions du conjoint dans le mariage. Ces jeux d'idées ne sont pas innocents, ils contiennent une forte part de réalité : beaucoup de conjoints se conduisent comme des animaux de compagnie, résignés ou non à cela. Quand la passion s'est éteinte, il faut trouver une autre place. Certains n'ont que celle-là. Il faut alors être inventif.

C'est aussi une position à laquelle se résigne insensiblement un être amoureux qui fait tout « par amour », qui abandonne ses passions et accepte de devenir ce que l'autre veut qu'il soit. « Peu à peu, il devient *domestique*, disponible, toujours prêt, toujours reconnaissant. Ce faisant, la superbe bête sauvage se transforme en un animal domestique, la fleur tropicale, arrachée à son milieu, s'étiole dans le petit vase posé sur la fenêtre [29]. »

Les chemins du désamour sont multiples, ils comprennent le dépit, la colère, le désespoir mais aussi la haine et la résignation.

L'UN HAIT L'AUTRE

« Mon mari est très désagréable avec moi. C'est d'autant plus insupportable qu'il est très gentil avec tout le monde, à l'extérieur. » Sylviane vit très mal sa coexistence avec un être qu'elle aime profondément, dont elle ne veut pas se séparer, mais qui est agressif envers elle depuis plus de dix ans, depuis que « la vie a basculé ». Le paradoxe de cette situation nous rappelle la loi naturelle déjà plusieurs fois rencontrée : *l'inhibition de l'agressivité est nécessaire à toute approche de l'autre.* « Il est toujours mal lorsqu'il est en ma présence, dit Sylviane. Mais quand je pars il devient très gentil, il est doux et me téléphone tout le temps. » La présence permanente de celui, ou celle, qui n'est plus désiré met en jeu les comportements naturels de protection de l'espace et d'agressivité vis-à-vis des étrangers à soi : irritabilité, colère, agressivité, haine ne sont que les réactions naturelles à cette situation contre nature. Pourquoi les humains s'acharnent-ils à imposer ou à accepter des situations de contrainte auxquelles le sujet échappe en milieu naturel ? Au-delà des raisons sociales de maintien de la situation, il faut évidemment une part de sadisme mais aussi de masochisme pour que ce « couple obligé » survive. Le sous-produit de cette contrainte se fera dans le corps et la psyché, par le refoulement des affects et le déséquilibre psychosomatique.

Je me suis vu faire cette réponse à Sylviane : « Il est normal dans un couple de ne plus avoir de défense l'un envers l'autre. Si les défenses reviennent, c'est que la passion et parfois l'amour sont terminés. C'est peut-être aussi que le couple lui-même est terminé, car il devient impossible à vivre. Il ne supporte plus votre présence, mais il a besoin de vous et vous ne pouvez pas vous passer de lui, pour des raisons qui vous sont, à tous deux, différentes. Il faut en venir à la réalité. La réparation ne semble pas possible, il ne le désire pas. Vous vivez très mal la situation actuelle. La prise de distance est la solution naturelle à votre situation, vous le remarquez vous-même. À vous de savoir quelle distance est suffisante et quelle distance est acceptable. » Ils ont aujourd'hui réaménagé leur couple avec des domiciles séparés et des rencontres agréables.

Le couple, dans sa forme intimiste, ne peut durer que si l'on a des raisons de maintenir longtemps l'inhibition de l'agressivité. Passé les « deux ans » de l'amour-passion, reviennent les défenses envers l'autre qui ravivent, par exemple pour la femme, la valeur incestueuse de la relation avec un homme à dimension paternelle et, pour son partenaire, l'insupportable présence d'une femme chaste et castratrice lui rappelant sa mère. Quelles qu'en soient les raisons, les positions dans le couple sont très instables, et il n'est pas rare que « mon unique objet de désir » devienne « mon unique objet de ressentiment ». Nous sommes ici dans le monde des symboles qui nécessite un travail sur soi pour dépasser cette situation illusoire. Une psychothérapie est à mon sens nécessaire si les sentiments négatifs sont trop forts.

La nature du conflit conjugal a récemment changé. Dans le mariage classique et indissoluble, le conflit pouvait être violent car il y avait peu de risques qu'il mette en jeu l'existence du couple. Depuis que l'union est plus instable, la violence est souvent redoutée, autocontrôlée, et elle donne lieu à de plus fréquentes soumissions de peur d'une rupture. Des liens de double contrainte obligent alors le générateur du conflit à des paradoxes : « D'une part il doit laisser libre cours à la spontanéité du moment pour se libérer de la rancœur accumulée, d'autre part il doit contrôler la scène de ménage pour qu'elle ne remette pas en cause l'accord conjugal plus qu'il ne le souhaiterait en dehors de ce temps de crise [30]. »

On voit également se dessiner un durcissement des positions souvent stéréotypées, certainement parce qu'elles sont une réaction aux archétypes parentaux de la femme soumise à un homme autoritaire. Nous voyons ainsi majoritairement s'opposer l'intolérance féminine qui se veut affirmative à une rigidité masculine défensive. La guerre des sexes n'est pas terminée : du champ social elle s'est déplacée sur le terrain conjugal.

S'il y a tension et agressivité, en face nous trouvons de la crainte. Pendant de nombreuses générations, les femmes avaient peur de leur conjoint, aujourd'hui la situation est inversée et ce sont plutôt les hommes qui craignent leur épouse, qui craignent leurs réactions, qui redoutent leur opinion et, d'une certaine façon, qui se soumettent à une femme autoritaire ou que l'on estime « avoir de la personnalité ».

Jean-Pierre est industriel, la cinquantaine triomphante. Il a créé son entreprise qui est aujourd'hui l'une des plus importantes de son secteur. Mais sa vie est un enfer, car il craint son épouse qui le culpabilise pour tout ce qui touche à leur vie personnelle : « En premier lieu, elle me reproche de ne pas savoir lui faire l'amour et de ne pas savoir faire les enfants. Elle m'en a beaucoup tenu rigueur lorsqu'on a eu Aurélien, le quatrième. Elle a dit que c'était ma faute. Elle le répète sans arrêt, que je ne suis pas capable de faire des filles, que c'est les hommes qui donnent le sexe ! » La violence et l'agressivité sont vécues des deux côtés. Geneviève, son épouse, ne supporte pas le comportement de Jean-Pierre : « Pour moi l'Amour, c'est avec un grand A. La sexualité, ça n'a pas d'importance, c'est la douceur, la tendresse d'un homme qui comptent. Il n'est jamais tendre avec moi. Je suis une femme-Kleenex, il me prend, il me jette, je ne sers qu'à ça. Je suis au foyer et il se sert de moi. » Les solutions ne sont jamais évidentes dans un tel affrontement. Les discours ne sont pas superposables. La situation est trop complexe pour être résolue par le couple lui-même. L'expérience d'un thérapeute de couple peut certainement les aider à faire évoluer des positions trop rigides et à entendre l'autre dans ce qu'il ne dit pas.

À *la femme-Kleenex* succède *l'homme-esclave* : Benoît a trente-huit ans, il est fonctionnaire dans les télécommunications et se trouve « assujetti » à l'ensemble des tâches domestiques, du fait de sa disponibilité horaire, par une épouse dominante au profil de vie très masculin qui a été profondément marquée par l'autorité de sa mère et le divorce de ses parents. Benoît est si mal qu'il a même envisagé la séparation : « Je n'ai plus le moindre espace de liberté. Je fais le travail d'une femme. Je sors à 16 heures, je m'occupe des enfants, je fais la vaissselle, la lessive, la cuisine, *je suis un esclave*. Mais surtout, Patricia ne supporte pas que je fasse du micro le soir. Pour moi c'est mon seul plaisir et elle me l'interdit. Je pense que je suis amoureux quand elle n'est pas agressive, mais en fait j'ai peur d'elle. Alors j'ai une libido anéantie, je n'ai plus rien, plus d'envies et elle me le reproche. » La thérapie de couple s'est avérée très difficile, car la position agressive de Patricia procède de conflits infantiles qu'elle doit régler dans une thérapie individuelle avant qu'on puisse envisager l'évolution de leur couple. Il y a toujours des étapes à respecter.

LE SEXE SANCTION

Le sexe est la première monnaie d'échange, mais c'est le plus souvent l'homme qui la réclame et la femme qui l'accorde. C'est pourquoi on rencontre majoritairement le sexe-sanction de la part d'une femme. La situation inverse, bien que plus rare, existe tout autant.

Bénédicte est secrétaire, et Jacques, son concubin, chauffeur routier. Comme il n'est pas souvent là et qu'elle se refuse à l'amour, les querelles sont fréquentes : « Vis-à-vis de lui, je suis très rancunière, et je n'arrive pas à passer au-dessus. Il suffit qu'il y ait quelque chose qui me contrarie, je suis tendue, je ne peux plus lui parler, ni l'écouter. Encore moins faire l'amour. Tout ça, c'est sa faute, il n'est plus le même que lorsqu'on s'est rencontrés, il a beaucoup changé. Et il y a des tas de choses que je ne supporte plus. Il aime porter la barbe et ça me contrarie. Je le lui ai pourtant dit et il n'en tient pas compte. J'ai toujours eu l'habitude d'un homme bien rasé. D'ailleurs mon père était impeccable ! » Ici encore des questions personnelles sont à régler pour

Bénédicte avant de pouvoir vivre avec un compagnon sans que les images infantiles s'interposent entre eux.

Bruno a rencontré Suzanne lors des dernières vacances. Ils se sont vite « mis ensemble », mais leurs histoires personnelles se font écho pour gêner et empêcher leur intimité. Bruno réplique l'attitude qu'un père très autoritaire a eue envers lui. Suzanne n'a jamais accepté la violence paternelle envers une mère à laquelle elle s'est beaucoup identifiée : « C'est comme si je vivais dans un état de vengeance permanente, constate Suzanne. Je ne veux pas aller vers lui car je ne veux pas qu'il en profite. Quand il vient de m'engueuler, je ne peux pas aller vers lui. Lui, je ne le comprends pas, il est capable de me dire une horreur et de revenir cinq minutes après. Moi, je n'ai pas envie de faire l'amour cinq minutes après m'être fait engueuler. Hier encore, il m'a dit : « C'est à toi de me reconquérir, je ne viendrai plus vers toi. » S'il ne vient plus vers moi, je n'irai plus vers lui. » On pourrait presque dire qu'il s'agit d'une querelle par personnes interposées : Suzanne et Bruno. Il leur faut accepter que l'autre ne soit ni son père à lui ni sa mère à elle, et que le sexe ne soit plus un enjeu ni une sanction.

Trop de sexe peut être une sanction comme pas assez ou pas du tout. Marianne connaît Jérôme depuis cinq ans mais elle l'a maintenu à distance jusqu'à présent, lui vivant à P. et elle à L. Il a demandé sa mutation et, depuis un mois qu'ils sont mariés et vivent ensemble, la vie est un enfer pour Marianne. Jérôme impose des rapports biquotidiens qui sont une sanction au faible désir de son épouse. Ils consultent à sa demande à lui : « Depuis un mois que nous sommes mariés, elle m'a déjà refusé deux fois, je trouve cela insupportable. Marianne a des envies moins intenses que les miennes. Mais les miennes sont "normales", comme j'ai toujours fait. Pour moi c'est très dur à vivre, j'ai une petite douleur au ventre et je ne peux pas dormir. »

Chacun a pour normes ses propres habitudes, qui peuvent être une contrainte pour le partenaire. On ne peut d'ailleurs pas exclure une part de sadisme qui imposerait alors une souffrance, d'autant plus qu'elle semble légitime. Le sexe et le non-sexe sont souvent une sanction dans un couple en conflit, ils seront la plupart du temps résolus sur un autre plan que celui de la sexualité, car ils veulent dire bien autre chose. La thérapie de couple pourra permettre cela, parallèlement, ici, à une réflexion psychothérapique nécessaire pour Jérôme.

L'ÉLOIGNEMENT INFIDÈLE

« Ça fait trois ans que je ne supporte plus le couple. Je me suis peu à peu éloigné. » Patrick a quarante-cinq ans, il vit avec Nathalie depuis vingt ans et ils ont deux enfants. « C'est son indifférence d'abord qui m'a été difficile. Pour elle la sexualité n'est pas une chose importante dans la relation amoureuse. C'est ce que j'appelle l'indifférence. Sinon, en dehors de ça, on s'entend très bien. Mais ça m'est vite devenu insupportable. J'ai eu quelques aventures, insatisfaisantes. J'espérais toujours vivre ça dans mon couple. Aujourd'hui je n'ai plus d'espoir. Je sais que ça ne bougera pas. On ne change pas les gens. Et puis surtout maintenant, je n'en ai plus envie. J'ai désinvesti mon couple. »

Devant le rétablissement de l'agressivité, la prise de distance est parfois nécessaire. Elle mène le plus souvent à l'éloignement physique et moral. Cet éloignement se nomme *infidélité* car il est en rupture avec les engagements et les habitudes antérieures. C'est obligatoirement une trahison du passé, ce qu'André Comte-Sponville appelle « l'amour oublieux », « l'amour renégat ». Comment évoluer dans les positions que nous confère la vie sans trahir le passé ? « Ne pas trahir, c'est cela la fidélité : je te jure, non de t'aimer toujours, mais de demeurer fidèle toujours à cet amour que nous vivons, de ne pas trahir le passé en le reniant [31]. » S'affrontent alors souvent deux logiques : celle de la fidélité morale au lien amoureux qui ne sera jamais nié, et celle d'une fidélité absolue à la présence indéfectible, position fusionnelle qui rappelle l'indissolubilité du mariage occidental.

La fidélité ne peut être un volontarisme ni une éthique, ajoute Serge Chaumier : « Ce n'est pas être fidèle parce qu'on l'a promis ou parce que c'est moral, mais du fait de ce que l'on ressent. S'obliger à être fidèle, c'est finalement être infidèle. L'amour ne peut pas être immobilisé [32]. » Mais la question de la fidélité constitue le plus souvent un déplacement d'autres problèmes qui ne sont pas dits : la fixation amoureuse, le sentiment d'abandon, la jalousie. Notre culture a imposé le modèle amoureux de l'attachement et de l'interdépendance des conjoints qui focalise toute l'énergie dans le couple sur la peur de perdre l'autre. Bien que chacun s'en défende, les réflexes sont bien là. Les couples qui nous consultent veulent majoritairement « changer l'autre », c'est-à-dire se l'approprier, le contrôler, le posséder, de peur de le perdre « comme il a été imaginé ». La crise se déclenche toujours lorsque le décalage est trop grand entre l'autre imaginé et sa réalité, si l'autre ose affirmer cette réalité.

Pour beaucoup, l'infidélité commence à la non-présence. Il n'y a pas besoin de tiers pour cela. Tout au moins pas besoin de tiers charnel. L'argument est ancien : « La maîtresse de mon mari, c'est le foot et la télé », « l'amant de ma femme, c'est son prof de danse. Elle ne peut s'en passer, elle y va trois fois par semaine ». Cette distance préservatrice est souvent vitale, mais elle est toujours mal vécue, car rien n'est dit, ni compris, de sa nécessité.

« On a des rythmes décalés, confie Stéphane. Elle se couche à 22 heures et moi à 2 heures du matin. Elle se lève à 7, moi à 6. Je me couche après et me lève avant. Elle aimerait qu'on ait des rythmes plus synchrones. Moi j'ai toujours été comme ça. Je ne vois pas pourquoi je changerais. Le week-end c'est l'inverse, elle se lève à 8 heures, car elle n'aime pas rester au lit. Et moi je me lève à midi ! On ne se rencontre jamais. Quand j'ai envie, elle est fatiguée et quand elle a envie, c'est moi qui le suis. Elle pense que j'ai une maîtresse. » Stéphane et Nathalie ont synchronisé leurs désirs pendant l'année de leur rencontre amoureuse, puis ce qu'ils appellent « leur nature » a repris le dessus. C'est Nathalie qui vit très mal cet éloignement car il lui semble infidèle au contrat moral de présence permanente qu'elle recherche. Leur malentendu ne pourra évoluer que s'ils arrivent à exprimer leurs désirs profonds, qui ne seront peut-être pas de rester ensemble.

L'évolution du couple humain reprend des modèles naturels que nous avons rencontrés, notamment pour rendre compte des relations successives ou parallèles, infidélités, double vie. On prend alors conscience de la similitude des relations adultérines avec les modèles de polygamie ou de multipartenariat. Trois types d'organisations matrimoniales peuvent exprimer des situations « déviantes » du couple monogame occidental (fig. 10) :

1. *La monogamie saisonnière*, à la manière des oiseaux, correspond à des hommes ou des femmes qui vivent des couples successifs dans une monogamie séquentielle et autour de l'élevage d'une progéniture à chaque couple.

2. *Le modèle multipartenaire* correspond à des hommes ou des femmes marié(es), infidèles et multipartenaires, qui accompagnent l'élevage de leurs enfants tout en entretenant d'autres relations conjugales.

3. *Le modèle primate monogame* reprend celui des primates monogames, mais aussi des femelles ou vivant en harem. Il consiste en la succession d'accouplements avec un ou plusieurs partenaires, dans des relations régulières avec fidélité à l'un de ces partenaires.

Nous ne faisons que vivre les possibilités conjugales en fonction des contraintes pulsionnelles de chacun.

PSYCHOSOMATIQUE CONJUGALE

Quand le couple est malade et qu'il l'ignore, c'est l'un, l'autre ou un tiers qui fait symptôme. Et si, le refoulement aidant, rien n'est dit du malaise, le symptôme devient maladie, mais personne ne le sait, car il est socialement très incorrect d'inférer la maladie de l'un au déséquilibre d'un couple qui va bien, puisqu'il « fait bonne figure ».

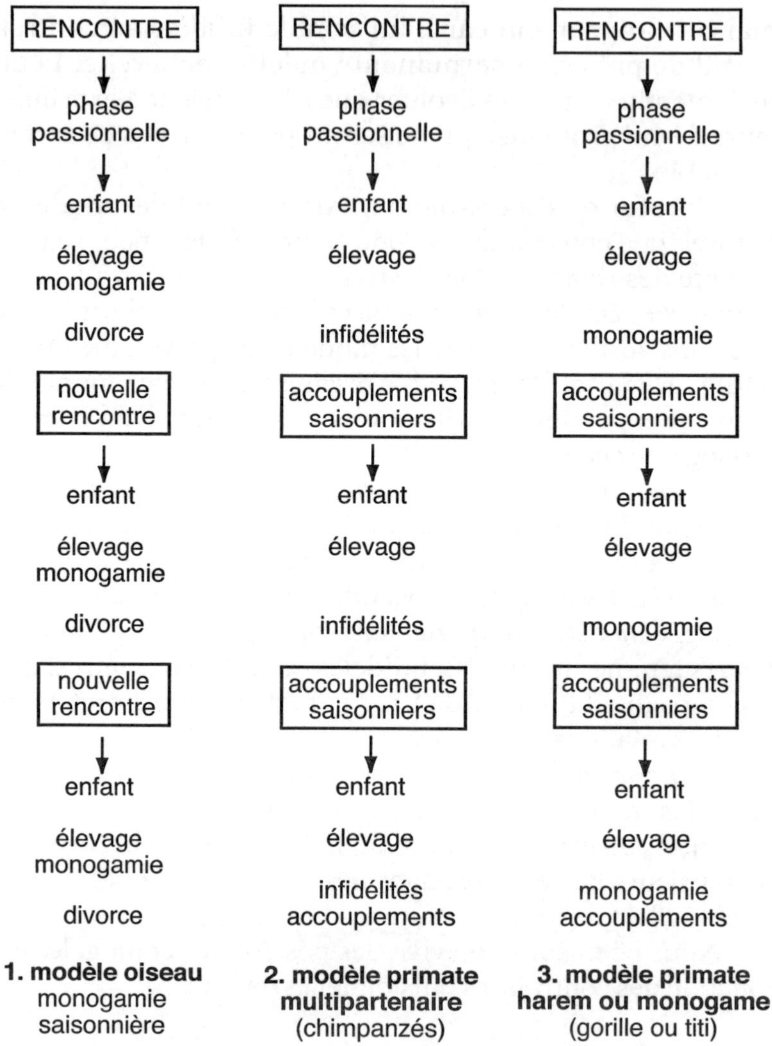

FIGURE 10. – *Évolution naturelle du couple fécond*
selon les critères humains de sa lecture

« Depuis qu'on vit ensemble, je suis tout le temps malade, j'ai eu une grippe interminable puis des infections urinaires sans arrêt et je viens de me faire une entorse à la cheville. » Sylvie ne comprend pas. Autrefois sportive et en parfaite santé, elle n'a jamais été aussi mal que depuis son mariage avec l'homme qu'elle aime. « C'est vrai que mes parents se sont séparés et que je m'étais juré de ne jamais me marier. Maintenant j'ai peur de la séparation. C'est un comble, je vis avec l'homme que j'aime et il est adorable. » Les paradoxes de cette situation peuvent permettre une prise de conscience de sa valeur symbolique. Comment et pourquoi cette répétition est-elle possible ? Pour pouvoir vivre en couple, il faut avoir fait le deuil des attachements de l'enfance et des couples symboliques qui leur sont liés.

De nombreuses maladies, apparemment organiques, sont de constitution émotionnelle, dues au refoulement des affects et à l'intériorisation de l'angoisse et de l'agressivité. Elles se déclenchent dans un moment critique de la vie personnelle, et donc naturellement dans le cadre conjugal, puisque c'est le milieu de vie le plus habituel. Elles procèdent d'une élaboration inconsciente susceptible d'être comprise par un travail psychothérapique en profondeur. Mais elles restent le plus souvent non identifiées, et se prolongent toute la vie. C'est le lot des maladies chroniques à participation psychosomatique comme l'asthme, les migraines, les colopathies, les infections urinaires ou gynécologiques récidivantes, dermatoses chroniques et bien d'autres vicissitudes qui gênent le cours de la vie sans être de pronostic vital. Les hommes et les femmes qui réagissent sur ce mode psychosomatique sont psychiquement construits ainsi, leur rapport à eux-mêmes passe par un corps « désaffecté » qui les rend « plus que tout autre vulnérable[s] aux blessures morales, aux agressions et séparations [33] ». C'est aussi vrai de certaines pathologies aiguës, notamment cardio-vasculaires comme l'angine de poitrine, les troubles du rythme cardiaque ou des accidents comme l'infarctus auxquels participent le stress chronique et les situations de contrainte. Le facteur conjugal est rarement évoqué, car trop culpabilisant. Mais il est souvent présent.

Leur cause n'est en général pas le couple, mais plutôt dans le couple, qui constitue le facteur révélateur ou activateur d'un conflit inconscient bien plus ancien et non résolu.

Marie a aujourd'hui quatre-vingt-deux ans, elle parle avec nostalgie et douleur de sa longue vie dont elle est en train de prendre vraiment conscience : « Quand je me suis mariée, je ne connaissais rien à la vie. Mon père était conseiller général et m'amenait à ses réunions. C'est ainsi que j'ai connu mon mari. Je me suis mariée à dix-huit ans avec Georges. On a été très heureux, on a eu quatre enfants et j'ai aujourd'hui douze petits-enfants. J'ai même une arrière-petite-fille. Mais je viens de me rendre compte que j'ai été malade toute ma vie que j'ai vécue avec lui. Mon asthme a débuté à l'âge de vingt ans. Heureusement j'avais ma "pipette" qui soulageait la crise et puis j'allais chaque année en cure à Royat. C'est ma petite fille qui m'en a fait prendre conscience en me disant : "Mais grand-mère, pourquoi tu parles d'asthme, tu ne fais jamais de crises, comme Maman." C'est là que j'ai pris conscience que les crises s'étaient arrêtées deux ou trois ans après la mort de Georges. » Le lien dans le temps avec les événements est un signe rarement entendu, révélateur du déséquilibre intérieur. Le corps de Marie était le lieu de l'affrontement de tendances contraires inconscientes : « Je veux vivre près de cet homme dont j'aime la stature et l'autorité, qui me rappellent les valeurs de mon père, mais une part de moi désire en même temps une autre vie, une libération de l'enfance. » Lorsque la contrainte n'est pas identifiée, le couple peut inconsciemment devenir une prison dont le seul gardien est une morale un peu stricte et le refoulement des pulsions.

La poursuite chronique des tensions dans le couple est, elle-même, constitutive de mal-être et de maladies, car les réactions émotionnelles normales se transforment en troubles fonctionnels puis s'organisent dans le corps par des lésions organiques [34]. Une fois passée la phase amoureuse, le simple retour des défenses naturelles crée fréquemment une tension chronique, de l'irritation dans les moments non désirés de la présence de l'autre, des accès de colère, une fatigue par excès de tension et des signes psychiques d'accompagnement, comme une insomnie par une présence non désirée. La situation conjugale, imposée ou non, oblige le plus souvent à une proche cohabitation, notamment « le soir dans un lit ». Trois cas de figures sont alors possibles : 1) les deux conjoints sont détendus, leurs défenses sont abaissées, ils cohabitent avec bonheur ; 2) l'un est tendu par la présence de l'autre. S'il exprime ses tensions, le conflit est ouvert, s'il les tait, le refoulement inscrit le malaise dans son corps ; 3) les deux sont tendus, la crise est ouverte. L'hypervigilance gêne la cohabitation. Les cures thermales ont certainement été inventées à cet effet, car beaucoup savent qu'ils sont mieux un mois par an quand ils « prennent les eaux » à La Bourboule, à Divonne ou Aix-les-Bains. Et tout le monde préfère attribuer cela à la vertu de l'air pur ou du soufre contenu dans l'eau. Mais une chose est certaine : les eaux ont des vertus conjugales quand elles soulagent un mois par an de la présence de l'autre.

Autrefois prévalait une pensée sacrificielle qui validait le refoulement des pulsions sur le modèle christique : c'est par le sacrifice du corps du Christ partagé par les fidèles que l'on obient la rédemption. Ce sacrifice mortifère était traditionnellement le lot du mariage clos. Aujourd'hui les couples en détresse pratiquent toujours le sacrifice des corps, certains par l'immolation sur le temple d'éros lorsque l'amour n'est pas désiré, mais d'autres par l'offrande du corps à l'expression des symptômes lorsque la parole ou la symbolisation ne sont pas possibles. Le corps est une construction symbolique qui peut être un objet de jouissance, mais aussi un lieu de souffrance et d'expression des conflits intérieurs.

« J'ai été très mal, j'ai eu des malaises et de l'hypotension tout la semaine. Je ne comprends pas. Je suis toujours mal comme ça. Ça s'est atténué dimanche soir. C'est vrai, on a dû passer le week-end chez mes beaux-parents. Je ne les supporte pas, mais je ne peux pas le lui dire car il penserait que je ne l'aime pas. Je passe ma vie à faire plaisir, surtout à faire plaisir à mon mari. Et je ne sais pas ce dont j'ai envie. » Tout le paradoxe du mariage contemporain est contenu dans cette réflexion de Mathilde. Les couples se forment alors que les individus ne sont pas encore des sujets et qu'ils ne connaissent pas leurs désirs profonds qui agissent inconsciemment pour eux. Ils ne peuvent que relever des paradoxes qui les mettent face à des ambivalences, des situations de double contrainte, génératrices de souffrance et qui n'ont pas un lien direct avec le cadre conjugal, sinon qu'elles surviennent au sein du couple, parce qu'il est le lieu de la vie. Une grande majorité des hommes et des femmes n'ont connu que deux lieux de vie : la maison familiale dans l'enfance et le domicile conjugal. La tentation est grande de faire des confusions.

La persistance du couple sans résolution des tensions personnelles est évidemment génératrice de mal-être et de maladies, mais la rupture et le divorce sont souvent également traumatisants. « Du reste, le divorce vient en tête des événements les plus stressants, même si, selon certains médecins, la vie de couple met aussi la santé en danger et augmente les risques d'infarctus, d'ulcères ou d'alcoolisme [35]. »

« Tu n'es pas heureux(se) avec moi, je préfère que tu sois bien sans moi. » Ce fréquent constat est celui des gens lucides, des hommes et des femmes qui ont fait une réflexion sur eux-mêmes et ont une autonomie de pensée. Il montre également la dissociation qui peut exister entre l'amour et le bien-être : « Je t'aime, mais je ne suis pas heureux. » Cela peut s'entendre sur un plan physique comme sur un plan moral. Mais bien peu accèdent à cette réalité difficile. Il vaut souvent mieux une interruption de l'union que la poursuite d'un vécu malheureux.

L'ENNUI-DÉPRESSION

« Je dois en venir à l'évidence de ma déception : ce ne sera jamais plus comme au premier jour, celui où on s'est rencontrés. Avant on n'avait même pas besoin de se parler pour se comprendre, maintenant on se parle et on ne se comprend pas. » Sophie assiste, sans rien y pouvoir, à la chute des idéaux infantiles à laquelle elle n'était pas préparée. Personne ne lui a appris la vie. Dans notre société rien ne s'apprend, puisqu'on considère tout comme « naturel ». L'entrée dans le monde adulte implique que l'on ait fait le deuil des idéaux de l'enfance ou du moins que l'on soit capable de les vivre sans réveil des traumatismes. Et l'idéalisme perdu s'appelle *déception*. Puis l'ennui s'installe par une succession de déceptions qui ne maintiennent plus l'intérêt conjugal. Et la dépression succède à l'ennui comme une fatalité inévitable.

Cette fréquente séquence qui mène à la dépression ou au divorce n'est pas inéluctable, mais elle nécessite un travail sur soi qui permette de comprendre que le couple n'est pas un idéal perdu. Il faut également être attentif à l'évolution dépressive car le moment dépressif n'est pas imaginaire, c'est un épisode biologique qui doit être soigné, indépendamment du travail psychothérapique nécessaire. La contrainte, les mésententes et les malentendus conjugaux sont parmi les plus fréquentes causes de dépression [36].

La dépression masculine emprunte souvent d'autres chemins que ceux vécus par les femmes. Ce sont des formes irritables, agressives, avec des comportements d'hostilité, lorsque l'homme ne parle pas, mentalise peu et que toute l'énergie du conflit passe par les gestes et le corps. Les colères et les crises de violence sont la plupart du temps des équivalents dépressifs, niés par la personne elle-même et souvent peu compris par l'entourage. Le couple en est un lieu privilégié puisqu'il maintient une situation non désirée, peu comprise ou non réfléchie. C'est pourquoi la violence conjugale est si fréquente. Mais rien ne doit en atténuer la portée, car elle est inexcusable. « Papa tape Maman, alors je fais comme lui », explique Charles, trois ans, partagé entre le désir d'imiter son père pour devenir un homme et celui de dominer sa mère pour s'en séparer.

L'arrivée de la violence et de la dépression dans un couple nécessite impérativedment leur prise en charge thérapeutique, au moins de celui, ou de celle, qui est le lieu du symptôme conjugal, ou par une thérapie du couple, lorsque celle-ci est désirée. Car les conséquences de la violence dans ses répercutions traumatiques, et de la dépression dans ses implications relationnelles et intimes, seront extrêmement délétères et souvent irréversibles pour le couple.

Thérapie ou autothérapie

Nous sommes à la fin de cette histoire naturelle du couple (fig. 9, p. 169). Certaines unions aboutissent à l'amour durable lorsque le couple sait entretenir ce sentiment au long cours. D'autres se poursuivent avec difficulté, éloignement, infidélités, charnelles ou non. Selon que le conflit est ouvert ou larvé, les situations de crise et de silence seront toutes préjudiciables à l'équilibre psychosomatique. Il n'y a alors toujours que trois issues : *le statu quo*, *la séparation* et *la réparation*.

Le *statu quo* est souvent la moins bonne solution. Les tensions se poursuivent et s'expriment dans les corps par un mal-être ou à travers des actes par des comportements agressifs. Le *statu quo* est en général imposé par des réalités extérieures, conditions financières ou matérielles, mais surtout intérieures, difficultés d'affirmation et de dialogue dans le couple, rigidité morale, dépendance infantile vis-à-vis des parents ou d'un conjoint.

La *séparation* est toujours douloureuse, mais elle est une solution naturelle à la poursuite des tensions dans le couple.

Entre *séparation* et *réparation* il n'y a qu'une lettre de différence mais cela ne se décide pas à la légère, ni la séparation ni la réparation. En tant que thérapeute de couple, il m'arrive parfois de préconiser une séparation, car je sais les conjoints malheureux ensemble et j'estime la réparation impossible. Lorsqu'elle est indiquée, la séparation est une aide au mieux-être des enchaînés de l'union.

La *réparation* n'est pas un vœu pieux. Et ce n'est pas parce que l'on veut se réparer à tout prix, ou parce que l'on fait une thérapie de couple qu'on se réparera. La réparation n'est pas obligatoire. Le parcours thérapeutique peut seulement permettre à chacun de mieux se situer, d'être plus au clair avec ses désirs profonds, de travailler les résistances dans le couple. À ce moment seulement chacun pourra estimer si le couple est viable et correspond à son propre désir de vie.

Tout au long de cette histoire du couple, j'ai avancé l'indication d'un travail sur soi lorsque cela me semblait nécessaire, d'une thérapie du couple dans d'autres cas de figure. Mais tout cela doit être orienté par un praticien qui connaît l'histoire de chacun. Ce livre ne saurait en aucun cas faire l'économie d'une démarche auprès d'un psychothérapeute. Il n'aborde d'ailleurs volontairement jamais l'histoire personnelle qui relève des psychothérapies, pour s'attacher à la seule part relationnelle qui génère une grande partie des difficultés de la vie à deux et pour laquelle je propose, en conclusion, ce que j'ai nommé une *autothérapie*.

6

AUTOTHÉRAPIE

La vie de couple relève de l'art dramatique.
Mais comment apprend-on à jouer ensemble ?

Adam PHILLIPS, *Monogamie.*

Cette autothérapie empruntera six étapes, toutes nécessaires mais pas obligatoirement suffisantes : 1) engagement réciproque ; 2) vingt règles pour le couple ; 3) auto-évaluation ; 4) auto-organisation ; 5) autonomie.

Comme je l'ai évoqué, cette autothérapie pourra être le déclencheur d'une thérapie personnelle ou de couple. Elle pourra aussi se suffire à elle-même. Par leur bénéfice sur l'équilibre de chacun, certains remaniements de la forme du couple ou de son fonctionnement sont susceptibles de permettre des changements durables, comme le réveil des phases amoureuses oubliées.

Engagement réciproque

Par ce premier point, les deux partenaires s'engagent mutuellement à faire ensemble cette réflexion en cinq étapes qui peut ainsi durer cinq jours, à raison d'une étape par jour.

Autre préalable particulièrement important, *accepter d'y consacrer une heure par jour*. Ce n'est pas facile, mais c'est possible et nécessaire, du moins pendant cinq jours, quelle que soit l'heure choisie, du jour ou de la nuit. Les thérapeutes de couple ont l'habitude de dire qu'un couple n'existe que s'il consacre une heure par jour au dialogue, sans la télé, sans les enfants. Ou, à défaut, une soirée ou une demi-journée ensemble par semaine. Cette heure quotidienne de réflexion, d'évaluation, de critique, d'organisation sera évidemment structurante pour le couple. Chacun peut lire séparément les paragraphes qui vont suivre, puis le dialogue se fera à chaque étape. J'ai volontairement développé succinctement chacun de ces points afin qu'ils soient plus un prétexte à la réflexion et au dialogue qu'un enseignement ou des recettes toutes faites.

Il est enfin évident que ce livre ne doit pas devenir un enjeu de conflit ni une source de reproches (« Tu vois, il a dit de faire ça et tu ne le fais pas »), car nul, sinon le couple, ne détient la vérité. Encore moins l'un des deux conjoints, car il n'est qu'une moitié du problème. Il y a plusieurs vérités, plusieurs réalités, parfois très différentes et qui existent en même temps (« Il a raison et elle a raison »), même si les arguments sont différents. Le dialogue consiste à accepter et à envisager le vécu de l'autre comme respectable puisqu'il, ou elle, le vit. Voilà pour la première étape. Elle a consisté à *s'engager mutuellement à consacrer une heure par jour à cette réflexion*.

Vingt règles pour le couple

Notre longue réflexion de la *Nature* à la *Culture* et à la *Rupture* a dégagé des constats, des enseignements, des règles qui organisent le couple dans les formes les plus diverses que nous avons rencontrées. J'ai relevé vingt points qu'il me semble nécessaire de comprendre avant de former un couple aujourd'hui.

LA RECONNAISSANCE SPÉCIFIQUE

C'est la première règle qui organise la rencontre à deux ; reconnaître l'autre comme partenaire sexuel potentiel, c'est-à-dire l'identifier comme faisant partie de la même espèce, du même groupe, de la même population. Et pour cela manifester sa présence par des signaux spécifiques. Même si la rencontre est ancienne, il reste fondamental d'éveiller la sensibilité et la reconnaissance de l'autre par des signes d'appartenance à son monde culturel, à sa sphère d'intérêt.

L'INHIBITION DES COMPORTEMENTS AGRESSIFS

Cette inhibition, que nous avons souvent rappelée, me semble aujourd'hui l'élément le plus fondamental au maintien du couple. Elle ne se commande pas. C'est une loi générale de la nature que persistent les comportements agressifs envers tout autre à l'exclusion du moment de l'accouplement. En cela le couple est antinaturel. La solution de nature serait de ne jamais cesser de s'accoupler, ce que certains réalisent. Dans le cas contraire, il faut éviter que l'agressivité réactivée soit dirigée vers l'autre ou trouver pour les humains une symbolique de l'accouplement permanent qui permette cette inhibition des comportements agressifs.

LE RESPECT DE L'ESPACE PERSONNEL

Corollaire de la règle précédente, le territoire propre à l'individu est protégé par des défenses agressives lorsqu'on le pénètre. Dans la promiscuité du couple, ce territoire est sans cesse menacé, tant sur un plan physique que moral ou symbolique, d'autant que la proximité semble souvent faire croire qu'il n'existe pas. Certains ont même l'illusion que tout est partagé. Non, tout doit être respecté. S'il n'y a pas d'intimité pour chacun, de refuge, de jardin secret, comme dans l'illusion fusionnelle, le couple est en danger.

LES CONDITIONS DE LA MONOGAMIE

Les rares exemples de monogamie en milieu naturel nous en rappellent les raisons : les couples ne sont ensemble que pour mieux affronter des conditions difficiles de la vie et par nécessité d'entraide ou, chez les prédateurs, lorsque le territoire est dur à défendre. Il en va de même pour les humains : la monogamie se justifie pour mieux affronter les difficultés de la vie et pour l'élevage des enfants, lorsque les conjoints sont fragiles et pratiquent l'entraide. Mais si le couple n'existe que pour l'entraide, il est fragile. À l'opposé, certains couples de jeunes loups à l'appétit féroce sont ensemble pour conquérir ou défendre des territoires culturels, économiques ou politiques. La seule raison de l'amour n'existe pas en milieu naturel.

LE DIMORPHISME DES HUMAINS

La règle du monomorphisme des espèces monogames nous dit clairement que l'espèce humaine est à l'origine une espèce polygyne, c'est-à-dire que les mâles peuvent avoir plusieurs femelles. De nombreux arguments vont dans ce sens, nous ne devons pas les oublier si nous voulons vivre la monogamie des humains, qui n'est pas naturelle. Autre conséquence, la rivalité des mâles et la jalousie des femelles imposent un rapport de force, notamment par l'inhibition psychique des mâles en présence d'un dominant. Chez les humains cette castration est d'ordre symbolique, elle peut simplement procéder du fantasme ou de l'imaginaire. Mais l'autre ne doit pas être craint.

LE TABOU DE L'INCESTE

Règle universelle transmise par les ancêtres, elle est respectée tant qu'elle est énoncée par la tradition. Le retour actuel de l'inceste dans les sociétés occidentales correspond à la rupture de la tradition. C'est une fréquente cause de difficultés sexuelles, surtout pour des femmes, si l'on veut bien considérer non seulement l'inceste réel mais aussi les situations symboliques de désaffection sexuelle d'une femme envers un mari trop investi comme un père. Car en général on ne fait pas l'amour avec son père.

LA FEMME, MONNAIE D'ÉCHANGE

En milieu traditionnel, la femme est source de revenus pour son mari, par son travail, par sa descendance mais encore par les alliances qu'elle permet. Elle est une véritable monnaie d'échange. Le féminisme s'est attaqué, avec raison, à cet esclavagisme, mais il ne faudrait pas oublier un mécanisme si fortement ancré dans les mentalités qu'il est toujours prêt à se réveiller. C'est le cas aujourd'hui avec la nouvelle promiscuité de l'échangisme qui, sous de faux dehors égalitaires, n'est qu'un système de troc dans lequel la femme constitue en général la monnaie d'échange de son conjoint. Ce n'est d'ailleurs pas sans raison qu'on appelle cela *l'échangisme*.

LE BANNISSEMENT DU CÉLIBAT

Le célibat est banni de toutes les cultures, car contraire au fondement des sociétés que représente le mariage fécondant. Or il est aujourd'hui en constante augmentation dans les sociétés dites « modernes ». On peut s'interroger sur cette évolution : est-ce une relégation ou un véritable choix ? Nous avons vu combien l'augmentation du célibat était liée à l'éclatement du mariage et à l'explosion des divorces, et que la plupart des célibataires aspirent à revivre en couple amoureux. La tradition nous l'avait déjà dit.

LA POLYGAMIE MASCULINE

La polygamie reste le mode le plus fréquent de l'appariement des humains. Nous ne devons pas l'oublier pour vivre le couple monogame auquel tous, hommes et femmes, nous aspirons. Bien qu'elle soit souvent l'apanage des riches et des puissants, la polygamie suscite partout la fascination des hommes et la défiance féminine. La très belle histoire de Florette qui était « toutes les femmes » pour Jacques-Henri doit nous inciter à l'inventivité pour vivre l'antinature humaine avec les déterminants qui nous sont imposés.

LA MONOGAMIE OCCIDENTALE

Le mariage occidental traditionnel est une association à but financier, spéculatif et reproductif. Il est consacré à la gestion et à la transmission du patrimoine, à la procréation de la lignée. C'est un outil social et un outil de pouvoir aux mains des hommes. La morale judéo-chrétienne du refoulement en a fait un outil de contrainte par l'indissolubilité. Il est aujourd'hui très mal vécu dans sa forme absolue, sa rigueur s'est parfois assouplie par des aménagements relationnels, temporels ou géographiques du couple.

LA NAISSANCE DU SUJET

L'autonomie des individus contemporains en tant que sujets de leur vie a fondamentalement modifié les rapports dans le couple, le plus souvent au bénéfice de la femme. Il est important de s'interroger ici sur la place que chacun occupe dans cette union et sur son autonomie : « Suis-je un acteur de ma vie ? » « Et lui, ou elle, en face, est-ce que je l'accepte en tant que sujet avec ses désirs propres et tout aussi légitimes que les miens ? »

LA LIBÉRATION SEXUELLE

La revendication au désir et au plaisir dans le couple annonce un renouveau qui nécessite cependant une même maturité de la part des partenaires. L'insatisfaction affective et sexuelle est très répandue par méconnaissance, mésapprentissage mais aussi par immaturité de la construction sexuelle. Et le rétablissement de la sexualité dans le couple n'est pas toujours facile. Elle nécessite, entre autres, d'avoir fait le deuil des images infantiles, notamment des repères œdipiens symboliques que sont le père et la mère. La valeur paternelle d'un mari, ou maternelle d'une femme, est parmi les premiers obstacles à la réalisation sexuelle. Cela veut peut-être dire qu'on est encore un enfant. Et les enfants n'ont pas de sexualité, en tout cas pas avec les adultes.

L'IMMATURITÉ FUSIONNELLE

Le couple fusionnel clos sur lui-même est un échec à long terme, nous le savons. Il cultive la contemplation infantile du partenaire comme il l'a vu faire de ses parents qui sont ses seuls amis. Le couple-enfant vit par procuration, celle des parents, rien ne se fait sans eux. Il n'est cependant pas disparu. Mais attention à l'eau qui dort. On voit souvent ce couple fusionnel en difficulté grave lorsque l'un des deux « grandit » et ne supporte plus l'immaturité de l'autre. Le risque est grand car cela touche à l'idéal.

LES NOUVELLES FORMES DU COUPLE

Avec l'éclatement du cadre traditionnel du mariage, le foisonnement des expériences actuelles offre de multiples solutions aux couples peu réparables qui ne peuvent poursuivre la cohabitation permanente et qui désirent rester ensemble : séquences temporelles du couple à durée déterminée, du couple intermittent ou annualisé, formes géographiques de domiciles proches, dans le même immeuble ou très éloignés, de rencontres régulières ou aléatoires, de vies autonomes permettant un meilleur équilibre pour chacun. Il y a là des éléments qui ne sont pas mineurs, même si leur premier abord est difficile.

LES DIX RAISONS D'ÊTRE ENSEMBLE

Ces « raisons » ne sont pas à prendre à la légère, elles méritent réflexion avant de se déterminer avec certitude sur deux ou trois d'entre elles (fig. 7, p. 156). Il faut parler sans pudeur ni culpabilité. Tout est nécessaire à dire. Même si, par exemple, l'intérêt semble vénal, rares sont les couples qui ne sont pas ensemble par intérêt du fait même de la monogamie qui est fondée sur l'entraide, donc la complémentarité et un certain intérêt à être ensemble. On ne choisit pas son conjoint au hasard.

L'INAPTITUDE CONJUGALE

Cette réflexion va à l'encontre de l'opinion de certains psychanalystes de couples qui voient dans les difficultés conjugales la seule expression des conflits infantiles. C'est évidemment l'une des composantes, qui demande alors une prise en charge psychothérapique préalable, lorsque cela est nécessaire. Mais la majorité des difficultés de couple tiennent à une inaptitude à vivre à deux du fait d'une non-préparation, d'une absence d'apprentissage et encore du préjugé du « naturel ». Or le couple n'est pas naturel, surtout dans sa forme monogame de longue durée. Il doit s'apprendre, il doit surtout être inventé par ceux qui veulent le vivre.

LA MAGIE HYPNOTIQUE

La magie hypnotique de la rencontre et des premiers mois de la liaison est malheureusement vite oubliée, selon deux attitudes très différentes : pour l'homme amoureux il n'y a aucun doute sur la poursuite du couple à long terme, ce choix n'est pas remis en question, d'une certaine façon c'est une affaire classée, et la séduction s'estompe. Tout autre est la pensée féminine qui interroge chaque jour son couple pour savoir quel lien l'unit à cet homme qui vit avec elle. Et elle a besoin de signes pour y répondre. Le maintien d'une séduction constante est la première nécessité dans le couple, pour que revienne la magie du premier jour.

LE PROJET DE L'AUTRE

Accompagner le projet de l'autre est un moyen de renforcer l'identité, de respecter les territoires et d'entretenir l'intérêt amoureux par des valeurs comme l'estime et l'admiration. L'art dans le couple est de permettre à des pensées et à des projets différents de cohabiter pour s'enrichir des différences, au lieu de susciter des antagonismes. La frontière est fréquemment fragile. C'est souvent l'imagination qui est nécessaire.

LE RESPECT DES VALEURS PERSONNELLES

C'est le versant humain de l'espace personnel, c'est-à-dire dans la dimension symbolique qui touche au langage et au partage de la vie à deux. Des différences de nature se mêlent certainement aux composantes culturelles, lorsque hommes et femmes cherchent un mode commun de communication. Les couples homosexuels semblent avoir moins de difficultés sur ce plan car ils ont un mode de pensée en commun qui évite les malentendus liés au sexe.

LE RISQUE PSYCHOSOMATIQUE

Vingtième enseignement de notre réflexion entre *Nature et Culture* : le risque psychosomatique doit inciter à la parole dans le couple. Mieux vaut un conflit ouvert dont on assumera les conséquences relationnelles qu'une parole refoulée qui travaille le corps, procure un mal-être et entretient une situation fausse qui refera surface. Alain Resnais l'avait bien montré dans *Mon oncle d'Amérique*, mais il n'a pas été entendu, car il est des vérités qui sont trop aveuglantes quand elles concernent la plupart.

Autoévaluation

Cette autoévaluation est une autocritique du couple par lui-même. En psychologie, on utilise des questionnaires et des échelles. Nous allons faire une évaluation des capacités du couple à vivre ensemble. Je proposerai de réfléchir à cinq points qui me semblent particulièrement sensibles pour l'entente à deux.

LA LANGUE

Hommes et femmes, nous ne parlons pas la même langue, mais nous ne le savons pas. La langue est un moyen de communication et un outil de division. Partout, la société sépare les hommes et les femmes, dans certaines cultures les hommes et les femmes ne se rencontrent même pas. Les hommes parlent avec les hommes, et les femmes entre elles. Chez nous, il en va de même, chacun de nous parle, au cours de sa vie, beaucoup plus avec des individus de son sexe que de l'autre, il les comprend mieux et il est mieux compris, car les registres et les modes de représentation sont les mêmes. La langue divise malgré eux les hommes et les femmes, car elle a été validée par des siècles de ségrégation.

Comment vivre ensemble quand on ne parle pas la même langue ? Il faut inventer des registres communs, s'entendre sur les mots importants pour l'autre, comprendre la valeur différente de ces « mots importants ». Il faut pour cela un vrai dialogue sur la façon de ressentir et de nommer ce que l'on ressent, à la recherche de cette part incommunicable du vécu du partenaire de l'autre sexe.

Dialoguer signifie « la parole (*logos*) à deux (*dia*) », c'est-à-dire prendre la mesure du niveau de parole du conjoint – certains hommes ne parlent pas et certaines femmes beaucoup –, prendre conscience que le degré de parole a un lien avec la capacité d'écoute du partenaire. Si vous désirez qu'il (ou elle) s'exprime davantage, êtes-vous sûr(e) de pouvoir être à l'écoute sans intervenir ? Et s'il (ou elle) parle beaucoup, n'est-ce pas pour occuper une place vide ? Un équilibre est à trouver qui ne doit jamais être terroriste.

Les femmes ont plus d'aptitude à la communication par le langage et comprennent certainement mieux les hommes que les hommes ne peuvent comprendre les femmes. C'est ce que les femmes appellent la connivence et l'intuitivité. Elles attendent alors qu'un homme comprenne à demi-mot, ce qui n'est pas dans sa nature, et pourront souvent lui en vouloir toute une vie de ne pas avoir entendu ce qui n'a pas été dit. C'est pour cette raison, dans ce moment de l'évaluation, qu'une femme ne doit pas s'interdire d'expliquer sa pensée ni de parler de son vécu de façon explicite.

LE SEXE

C'est le deuxième outil du couple pour son rapprochement, une fonction qui doit être partagée pour être pleinement vécue. Avez-vous la même conception de la sexualité, des désirs comparables ou complémentaires, et une maturation érotique suffisante ?

Il n'y a pas de norme en matière de sexualité, mais plutôt des niveaux de maturation et d'exigence personnnelles, qui sont parfois proches, parfois incompatibles. Le point d'achoppement le plus habituel est une illusion sur la fréquence des rapports : « Il voudrait tous les jours, et moi je suis bien sans ça. » Cette fréquence alléguée par les hommes comme un besoin recouvre d'autres réalités : la méconnaissance de la sexualité en tant qu'aboutissement relationnel et non comme assouvissement personnel, méconnaissance aussi de la nature du désir et du ressenti féminin. Si le dialogue est conflictuel, voire impossible sur cette question intime, il est assez simple de consulter un sexologue, médecin ou non, formé à cette compréhension. Il permettra, dans la plupart des cas, de dépasser ce malentendu.

Certains couples s'entendent sur peu ou pas de sexe, d'autres sur un érotisme de tous les instants qui fait partie de la vie courante. Pour d'autres c'est un élément important qui survient de façon aléatoire. Il n'existe aucune règle sinon que le désir de l'un ne doit en rien gêner l'autre ni être bridé par un non-désir. C'est cela qu'il faut évaluer à deux.

LA MÉMOIRE

Le rapport à la mémoire, ou plutôt au rappel et à la présence du passé, est très différent d'une personne à l'autre mais, encore une fois, surtout entre hommes et femmes. Ces différences sont connues mais nous n'en connaissons pas les mécanismes. Sont-ils de nature ou de culture ? On remarque seulement l'importance que revêtent, pour beaucoup de femmes, les dates anniversaires, l'oubli ou non des événements, la symbolique des paroles prononcées, alors que cela prend moins de valeur pour la plupart des hommes, qui semblent plus se projeter dans l'avenir et vivre le présent. Ce dernier mode de fonctionnement tend alors à paraître « oublieux », non attentionné à une femme qui est sensible au rappel affectif des moments importants de sa vie.

Il ne s'agit pas de défendre la pseudo-goujaterie masculine, mais de tenter de faire se rencontrer des modes de pensée différents. Tous les couples ont à méditer ce point fondamental en admettant que l'autre fonctionne différemment et en acceptant de ne pas le juger. À partir de cette réflexion, les hommes ont un chemin à parcourir pour être mieux à l'écoute du registre affectif de leur compagne et les femmes pour s'intéresser au monde masculin de la matérialité qui se projette plus en avant qu'il ne regarde en arrière.

Les deux facteurs du sexe et de la mémoire contribuent à un autre malentendu qui éloigne encore le vécu du couple : « Il ne se souvient même pas de la dernière fois où on a fait l'amour, alors que pour moi c'est très important. Le lendemain j'aurais tendance à lui en parler, alors que pour lui c'est du passé. » Ce passé peut être un sujet de querelle, quand cette femme désire le dialogue, parce qu'elle est comblée par le souvenir encore présent de leur union tandis que lui désire une intimité sexuelle, puisqu'elle n'est plus présente à son esprit. Si le dialogue se rétablit, la sexualité pourra reprendre ses droits.

L'ENTRAIDE

Fonction première de la monogamie, l'entraide peut avoir un statut et un devenir très différents selon un cofacteur fondamental : la sexualité (fig. 11). Selon le degré

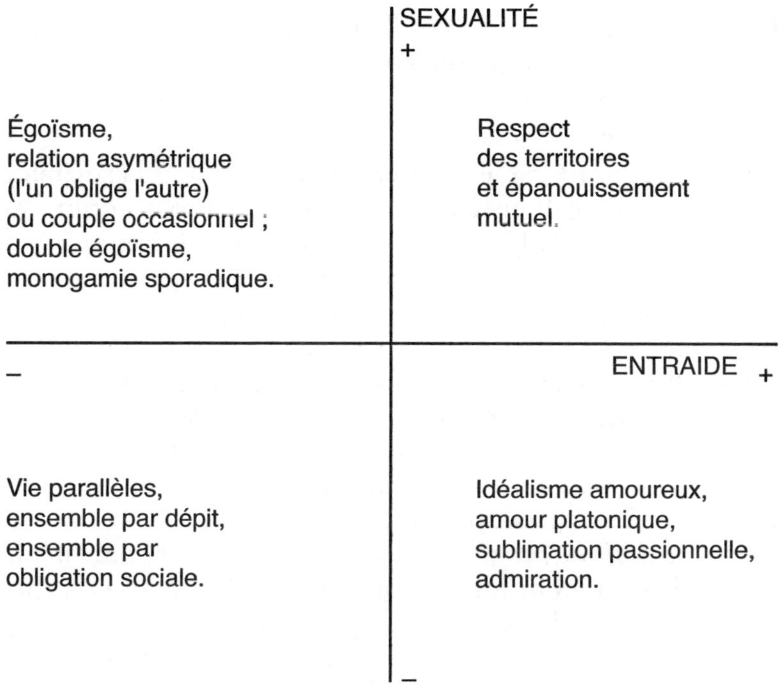

FIGURE 11. – *Cofacteurs : entraide-sexualité*

d'épanouissement sexuel et la qualité de l'entraide, je distingue quatre territoires :

– *Épanouissement sexuel mutuel et entraide* concourent au respect des territoires de chacun.

– *L'absence d'entraide, même si l'éveil sexuel est conservé,* est le témoin d'une relation asymétrique et égoïste, mais parfois aussi d'un double égoïsme ou d'une relation épisodique, sur le seul mode de la sexualité.

– *L'entraide sans sexualité* procède d'un idéalisme platonique qui cultive la sublimation passionnelle. Ce type de couple est viable lorsque l'admiration est mutuelle et que l'absence de sexualité n'entraîne pas de frustration.

– Enfin, *sans entraide ni sexualité,* le couple existe peu.

On parle alors de « vies parallèles », pour des conjoints qui sont ensemble par dépit ou par obligation.

LA PROXIMITÉ

La proximité est le deuxième cofacteur lié à la sexualité qui permet d'évaluer la part de comportements communs dans le couple (fig. 12). Ici encore, quatre territoires :

– *Épanouissement sexuel et grande proximité obligatoire*, c'est un couple fragile car il est trop fusionnel. Son équilibre tient à la proximité de l'un à l'autre. Tout éloignement est vécu comme menaçant. Il lui faut apprendre l'autonomie.

– *Une moindre proximité, sans besoin impérieux, mais avec sexualité* est le signe d'un couple mature dont les partenaires sont indépendants et pas obligatoirement toujours ensemble. C'est un couple solide.

– *Le désir de proximité sans sexualité* est la marque du couple fusionnel infantile, souvent prégénital, c'est-à-dire que la question du sexuel ne se pose pas. Si l'un des deux a évolué différemment, il se trouve contraint d'accepter la loi infantile de l'autre ou de cesser le couple.

– Enfin, *ni proximité, ni sexualité*, le couple est en danger, il n'existe plus.

Ces cinq points sensibles – la langue, le sexe, la mémoire, l'entraide et le besoin de proximité – peuvent maintenant permettre à chaque couple d'évaluer sa convergence d'intérêts, ses divergences d'idées et son désir ou sa capacité à vivre ensemble le quotidien. C'est ici que le couple peut estimer ne pas pouvoir changer (*statu quo*), que la cohabitation n'est plus souhaitable ou possible (*séparation*) ou que quelques convergences peuvent laisser à penser qu'une entente suffisante est possible (*réparation*).

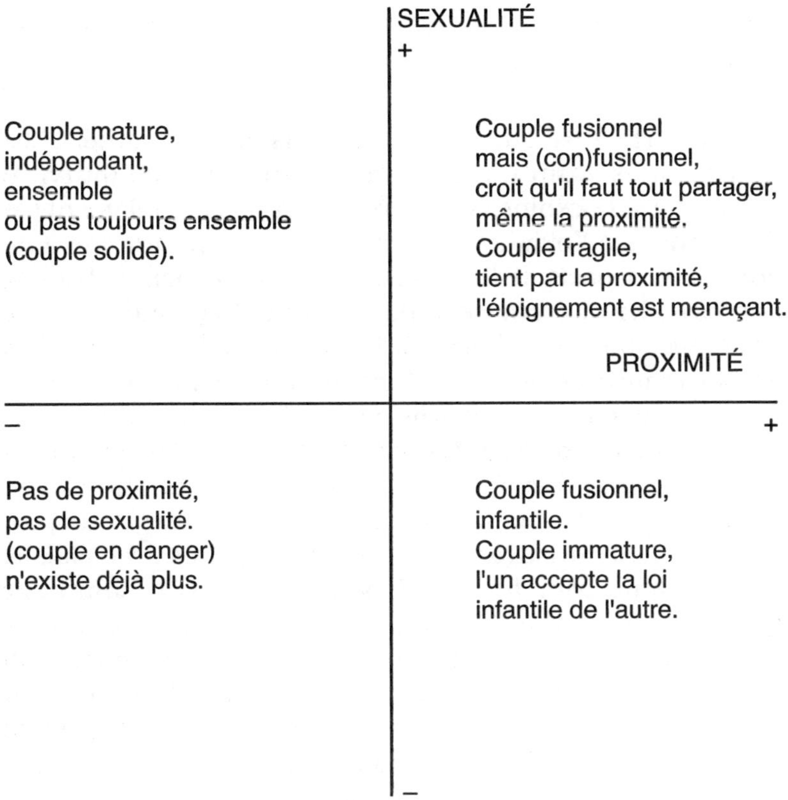

FIGURE 12. – *Deux cofacteurs : proximité-sexualité*

Auto-organisation

Comment mettre en place des facteurs du changement qui soient susceptibles de modifier durablement le fonctionnement du couple ? La première condition, qui découle de l'engagement mutuel, consiste pour chacun à tenter de comprendre la part incommunicable du vécu de l'autre et de la respecter dans sa différence. Je propose de travailler successivement six points de l'entente à deux, c'est-à-dire le partage, la tendresse, l'initiative, la surprise, l'érotisme, la réconciliation, en commençant par celui qui semble le plus inhabituel et donc inexploré jusqu'à présent.

LE PARTAGE

Le partage est l'un des fondements de l'humanité. Chez les primates, dont nous sommes issus, chaque individu subvient à ses besoins. Si le partage a vraisemblablement été alimentaire à l'origine, rien n'interdit qu'il s'étende à de nombreux aspects de la vie de relation, mais rien ne l'oblige non plus. La référence égalitaire est la plus répandue, elle pose cependant le problème de la non-équivalence des tâches de l'un à l'autre et mène rapidement à la constitution de territoires personnels, même s'ils sont inégaux. Je crois fondamental d'éviter la relégation de chacun dans des territoires utilitaires mais séparés, et de partager les territoires de l'autre. Le principe de plaisir est à respecter. Pourquoi obliger l'un à faire avec difficulté ce que je fais avec plaisir, uniquement pour le « punir » de ne pas suffisamment partager. Aider l'autre dans ses tâches ingrates est la deuxième orientation. Ce couple est alors complémentaire. Et si le plus rationnel des deux « accepte de renoncer au moins à un tiers de ses convictions » tandis que l'autre accepte « de devenir plus rationnel d'un tiers [2] », le couple peut alors trouver un nouvel équilibre.

LA TENDRESSE

La vie sexuelle est faite de sensualité et de tendresse, une dimension trop vite oubliée par certains, plus souvent les hommes. On a pu dire que les femmes venaient plutôt à la sexualité par la tendresse et les hommes à la tendresse par la sexualité. Toujours est-il que la tendresse fait souvent défaut dans un couple en difficulté. La femme, déjà mère, reporte ses prévenances tendres vers son enfant et semble en priver son mari, quand celui-ci paraît ne pas connaître ce mode de relation qui lui semble trop féminin. Ce pôle sentimental de la relation de couple doit être développé sans retenue. Les hommes ont beaucoup à gagner à l'apprendre et les femmes à l'exprimer. Car beaucoup de femmes s'interdisent la tendresse et tout geste vers le partenaire, de peur de paraître soumises, parfois même par sanction d'une rivalité dans le couple. Certains pensent encore que, sous prétexte que la vie doit être vécue « naturellement » et sans effort, il faudrait s'interdire de donner de la tendresse. Mais alors c'est également s'interdire d'en ressentir. Le don de gestes et de sentiments est l'un des six préalables au changement.

L'INITIATIVE

Dans le même registre que la tendresse, les initiatives sont dirigées vers l'autre et connaissent les mêmes réticences : « Je ne vois pas pourquoi j'irais vers lui, pourquoi je prendrais des initiatives, puisque lui ne fait pas un geste vers moi. » Les thérapeutes de couples savent combien les attitudes passives et attentistes s'accompagnent d'une absence de ressenti émotionnel et, à l'opposé, ils savent que les gestes envers l'autre sont suivis d'émotion. Initiative et désir sont fortement liés. Une consigne simple peut consister à faire chaque jour un geste ou un mot en direction du partenaire, pour renouer avec une phase active de la séduction où les initiatives étaient fréquentes.

LA SURPRISE

La surprise est un élément essentiel de la phase hypnotique, qui peut permettre un changement de niveau, tout à coup revenir dans le temps suspendu de l'hypnose amoureuse. Le déclencheur de la surprise peut être un rappel du moment de la passion, un élément du monde imaginaire de l'homme ou de la femme à qui on l'adresse. Il faut beaucoup d'attention et d'invention pour surprendre. Mais la surprise est le plus sûr moyen de ranimer un couple endormi. Parvenir à surprendre le compagnon au moins une fois par semaine est une bonne fréquence.

L'ÉROTISME

L'érotisme est la dimension humaine de la sexualité : savoir susciter et entretenir le désir du partenaire. Pour cela, il faut jouer du visible et de l'invisible, du voilement et du dévoilement, jouer de la pudeur et de la mise en scène. Et chaque jour renouveler le jeu de la séduction qui entretient le désir. Avec l'érosion du quotidien s'émoussent les tentatives pour séduire un partenaire trop présent. Encore une fois, c'est l'imagination qui doit combattre l'habitude, et l'érotisme n'est pas uniquement dans le champ du désir sexuel, il est dans celui de l'intime. Pasini nous parle des cinq intimités : spirituelle, intellectuelle, affective, corporelle et sexuelle. Il y a autant d'érotisme, et donc de raisons d'entretenir le désir, dans le champ qui semble le mieux approprié au partenaire.

LA RÉCONCILIATION

Ce qui manque le plus cruellement aux couples en graves difficultés, c'est un moyen de réconciliation, une alternative qui permette de rompre les conflits naissants. C'est aussi la meilleure ressource des couples en équilibre : « On a les moyens de la rigolade, on se dispute mais on se réconcilie un quart d'heure après. S'il se fâche, il retrouve le sourire. C'est presque instantané parce que, derrière, il y a une envie de rire, de partager et de faire l'amour. Je suis très étonnée, je ne pensais plus pouvoir être bien avec un homme et j'ai maintenant des attitudes d'apaisement devant ses colères. » Annie a retrouvé un équilibre par un rituel d'apaisement accepté par son partenaire. « Je ne pensais pas vivre à nouveau avec un homme, ajoute Véronique. Quand j'ai quitté mon précédent, j'étais écœurée, ce n'était que de la dépendance et des disputes. Aujourd'hui, c'est l'homme qu'il me fallait : on peut se quereller, ça finit en rigolade et en fou rire. J'ai des colères hors de proportion et il les prend avec humour ou me laisse aller au bout de ma colère et ne dit rien. Il désamorce la crise par le rire. Ça me désarçonne. »

Chaque couple peut, et doit, trouver son rituel d'apaisement pour avorter les crises. Le rire, l'humour, l'amour sont parmi ceux-ci. Ce peut être un simple mot qui apaise le conflit, mais il est indispensable. Ce rituel d'apaisement peut naître d'une entente préalable ou rappeler un souvenir ancien. Le plus efficace est qu'il déclenche le rire.

Ces cinq facteurs de changement peuvent sans cesse être réinventés, car ils ne sont pas une solution unique, ils sont multiples à l'infini.

7

AUTONOMIE

La réflexion sur soi nécessite d'être renouvelée régulièrement à un mois, deux mois, trois mois, selon le rythme d'évolution du couple, jusqu'à ce que le nouvel équilibre soit suffisamment générateur de bien-être. L'accès à l'autonomie est alors un témoin de la nouvelle identité du couple. Le psychanalyste hongrois Michael Balint disait : « La guérison, c'est le retour à l'autonomie [3]. » Le couple est autonome lorsqu'il porte en lui le ferment de son équilibre : le dialogue, le partage, la tendresse, l'initiative, la réconciliation... C'est à ce prix, de la réinvention, que le couple peut vivre la longue durée et rester amoureux.

De ce long parcours entre *Nature, Culture, Rupture* et *Réinvention*, je retiens, malgré toutes les difficultés, le désir de nos contemporains de vivre un couple monogame amoureux et de longue durée, entreprise surhumaine et contrenature pour les uns, la seule qui mérite d'être tentée pour les autres. Cette réflexion s'inscrit dans la continuité de la pensée des anthropologues, psychologues et sociologues qui réfléchissent à cette difficile question du couple et de la conjugalité. Je crois l'expérience clinique irremplaçable, elle m'a guidé pour comprendre la nature humaine du couple et permettre à certains de dépasser leurs difficultés. Que leurs efforts soient récompensés, à la lecture de ce livre, en y trouvant le chemin d'un nouvel équilibre.

NOTES

Chapitre 2 – Nature

1. A. Langaney, *Le Sexe et l'innovation*, Paris, Le Seuil, 1979, p. 18.

2. La réalité biologique semble plus complexe car au niveau moléculaire apparaissent déjà des différences limitant les interactions et, même chez les unicellulaires, il semble y avoir au moins une fois dans leur vie un échange de matériel génétique.

3. P. Brenot, *Histoire naturelle de la sexualité*, séminaire du DIU de sexologie, Bordeaux, Toulouse, Lyon, 1995-2000.

4. C. Thesing, *La Sexualité dans l'univers*, Paris, éd. Montaigne, 1933, p. 15.

5. W. Wickler, *Les Lois naturelles du mariage*, Paris, Flammarion, 1971, p. 94.

6. A. Langaney, *op. cit.*, p. 18.

7. C. Bensch, *Cours de physiologie*, Univ. Bordeaux 2, 1980-2000.

8. P. Brenot, *op. cit.*

9. Ici encore la réalité est plus complexe. Si les spermatozoïdes sont très mobiles, l'ovule est actif : c'est lui qui capte le spermatozoïde et l'intègre à son cytoplasme, ce qui déclenche une succession de réactions biochimiques activant le processus de développement de l'œuf.

10. C. Bensch, *comm. pers.*

11. E. T. Hall, *La Dimension cachée*, Paris, Le Seuil, 1978.

12. *Le solitarisme* est l'état des animaux solitaires. Chez les humains on parlera de célibat ; *la promiscuité* est un mode social de relations de groupe où n'apparaît pas la notion de couple mais des unions multiples entre individus ; *la polygynie* désigne l'union d'un mâle avec plusieurs femelles ; *la polyandrie*, l'union d'une femelle avec plusieurs mâles ; *la polygamie* est alors le terme générique qui recouvre les unions d'un individu avec plusieurs congénères de sexe opposé : polygynie et polyandrie. L'usage populaire a fait de *la polygamie* un synonyme de *polygynie*, dans la mesure où l'on ne connaît pratiquement pas d'exemple de *polyandrie* ; *la monogamie* est l'état des animaux qui n'ont qu'un partenaire sexuel.

13. J. Giraudoux, *Pour Lucrèce*, I, 2.
14. J. Van Lawick-Goodall, *Les Chimpanzés et moi*, Paris, Stock, 1971, p. 99.
15. E. R. Pianca, *Evolutionary Ecology*, New York, Harper et Row, 1978.
16. E. Vilar, *Le Sexe polygame*, Paris, Albin Michel, 1976, p. 80.
17. J. J. Virey, article « Polygamie », *in* le *Dictionnaire de la conversation et de la lecture*, Paris, Belin-Mandar, 1838, tome XLIV, p. 363.
18. K. Ralls, « Mammals in which females are larger than males », *Quaterly Review of Biology*, 1976, p. 51.
19. W. Wickler, *op. cit.*, p. 132.
20. P. Brenot, *Impuissance masculine, perspectives historiques*, L'Esprit du Temps, 1994, p. 22.
21. W. Wickler, *op. cit.*, p. 133.
22. H. Freedman, *Sex Link*, N. Y., Evans and Cie, 1977, et *Les Fantaisies sexuelles des animaux*, Paris, Stock, 1980, p. 194.
23. A. Rey (ss la dir.), *Dictionnaire historique de la langue française*, Paris, Le Robert, 1992.
24. W. Wickler, *op. cit.*, p. 99.
25. W. Wickler, *op. cit.*, p. 100.
26. Cette hypothèse personnelle rapproche deux faits d'observation : la preuve externe de la fécondation chez les ovipares et la très fréquente monogamie des oiseaux. Or il existe de nombreuses espèces ovipares non monogames, comme les tortues de mer par exemple. Mon hypothèse permet seulement d'envisager le cofacteur reconnaissance de la paternité pour la discussion de la monogamie humaine.
27. H. W. Fricke, « Evolution of social systems through site attachment in fisch », *Zeitschrift für Tierpsychologie*, 1975, 39, p. 206-210.
28. W. Wickler, *op. cit.*, p. 117.
29. J. et E. Marshall, « Gibbons and their territorial songs », *Science*, 1976, 193, cité par S. B. Hardy, 1984.
30. J. F. Wittenberger, « The evolution of mating systems in birds and mamals », in *Social Behavior and Communication. Hand Book of Behavioral Neurobiology*, New York, Plenum Press, 1979, vol. 3, p. 271-349.
31. R. K. Selander inventa le terme de *brachygamie* pour désigner les très courtes unions transitoires que l'on observe en période de reproduction et de *polybrachygamie* pour les accouplements successifs avec plus de deux individus toujours dans cette période. On perçoit ici la limite d'utilisation de ces concepts qui recouvrent ceux de *promiscuité* ou de *sexualité de groupe*, définis plus haut (chap. 2). R. K. Selander, « Sexual selection and dimorphisms in birds », *in Sexual Selection and the Descent of Man*, London, Heinemann, 1972, p. 180-230.
32. P. Brenot, « Homo sur-naturalis, l'hominisation dénaturante », *Topique*, 2000, 73, p. 23-35.
33. J.-C. Ruwet, *Éthologie, biologie du comportement*, Bruxelles, Dessarted, 1969, p. 218.
34. F. De Waal, *Le Bon Singe, les bases naturelles de la morale*, Paris, Bayard, 1997.
35. P. Deegener, *Die Formen der Vergesellschaftung im Tiereiche*, Leipzig, Veit und Co, 1918 (cité par Wickler W. et Seibt U., 1982).

36. W. Wickler et U. Seibt, « Monogamy : an ambiguous concept », *in Mate Choice*, P. Bateson ed., Cambridge, Cambridge Un. Press, 1982, p. 43.

37. K. Lorenz, *L'Agression, une histoire naturelle du mal*, Paris, Flammarion, 1969.

38. Le deuxième grand texte de Darwin, après *De l'Origine des espèces*, intitulé *The Descent of Man, and Selection in Relation to Sex* et publié à Londres en 1871 a été malencontreusement traduit par Edmond Barbier sous le titre *La Descendance de l'homme et la sélection sexuelle.* Ce contresens (descendance) nous prive de la subtile valeur que Darwin attachait au terme *descent*, issu du vocabulaire notarial et signifiant « l'héritage, ce qui nous vient de notre ascendance » et que nous transmettons à la descendance.

39. S. Hrdy, *Des guenons et des femmes*, Paris, Tierce, 1984, p. 80.

40. S. Hrdy, *op. cit.*, p. 64.

41. P. Brenot, « Omosessualità », *in Encyclopedia del corpo*, Roma, Encyclopedia, 2000.

42. H. Freedman, *Les Fantaisies sexuelles des animaux*, *op. cit.*, p. 203.

43. E. O. Wilson, *The New Synthesis*, Cambridge, Harward Un. Press, 1975.

44. J. F. Wittenberger et R. L. Tilson, « The evolution of monogamy : hypothesis and evidence, *Ann. Rev. of Ecology and Systematics*, 1980, p. 11 (cité par Hrdy, 1984).

45. L. M. Fedigan, *Primates Paradigms, Sex Roles and Social Bond*, Montreal, Eden Press, 1982.

46. Buffon, *Histoire naturelle*, I.

Chapitre 3 – Culture

1. J. Giraudoux, *Intermezzo*, III, 1.

2. H. de Balzac, *Physiologie du mariage*, Paris, Librairie Paul Ollendorff, p. 1 (le texte a été modernisé).

3. S. Freud, *L'Avenir d'une illusion*, 1948, Paris, PUF, 1971, p. 15.

4. Cl. Lévi-Strauss, *Les Structures élémentaires de la parenté*, Paris, PUF, 1949.

5. Dans les sociétés matrilinéaires, par opposition à patrilinéaires, la filiation vient de la mère, du fait de l'absence initiale de reconnaissance de la paternité. Elles ont toujours été confondues à tort avec le matriarcat.

6. Ph. Brenot, « Homo sur-naturalis, l'hominisation dénaturante », *op. cit.*

7. On peut citer une exception à cette règle générale : les Na de Chine, société sans père ni mari, récemment décrits par Hua, CAI, collection Éthnologies, PUF.

8. F. De Waal, *op. cit.*

9. G. P. Murdock, « World ethnologic sample », *American Anthropologist*, 1957, n° 59.

10. F. Héritier, *Masculin/Féminin, la pensée de la différence*, Paris, Éditions Odile Jacob, 1996, p. 240.

11. A. I. Hallowell, cité par F. Héritier, *op. cit.*, p. 245.

12. *Évangile selon Matthieu*, Matt. 19 : 10 s.
13. L.H. Morgan, *La Société archaïque*, 1964 et Paris, 1971.
14. A. France, *L'Île des pingouins*, 1908, VII, 1.
15. J. J. Virey, Polygamie, *op. cit.*, p. 364.
16. Marie-Martine Gervais, démographe, maître de conférences à l'IEP, Bordeaux (communication personnelle).
17. Livingstone cité par L. Mair, *Le Mariage, étude anthropologique*, Paris, Payot, 1971, p. 167.
18. L. Mair, *op. cit.*, p. 166.
19. E. Vilar, *op. cit.*, p. 81.
20. D. Buss, *Les Stratégies de l'amour*, Paris, Inter Éditions, 1994, p. 206.
21. Journal *Le Monde*, 18 septembre 1999.
22. A. Kardiner, *L'Individu dans sa société*, 1939 et trad. française J. Prigent, Paris, 1969.
23. H. Fisher, *Histoire naturelle de l'amour*, Paris, Robert Laffont, 1994, et Hachette, 1997, p. 75.
24. A. Philips, *Monogamie*, Paris, Bayard, 1997, p. 123.
25. S. Hrdy, *op. cit.*, p. 61.
26. L. Mair, *op. cit.*, p. 80.
27. L. Mair, *op. cit.*, p. 81.
28. R. Fox, *Kinship and Marriage*, Pelican Co., 1957, et Paris, Gallimard, 1962.
29. E. A. Westermarck, *Histoire du mariage dans l'espèce humaine*, Paris, Mercure de France, 6 vol., 1934-1945.
30. D. Buss, *op. cit.*, p. 193.
31. C. Abdesselam, *Les Aventuriers de la double vie*, Paris, L'Archipel, 1995, p. 57.
32. P. Métais, *Mariage et équilibre social dans les sociétés primitives*, Paris, Imprimerie nationale, 1956, p. 28-29.
33. G. Balandier, *comm. personnelle* et *Le Désordre : éloge du mouvement*, Paris, Fayard, 1988.
34. M. Eyquem de Montaigne, *Essais*, I, 28, *De l'amitié*.
35. M. Foucault, *Histoire de la sexualité*, Paris, Gallimard, 3 vol., p. 1976 à 1984.
36. S. Lilar, *Le Couple*, Bruxelles, Les Éperonniers, 1988.
37. S. Lilar, *op. cit.*, p. 69.
38. Cité par S. Chaumier, *La Déliaison amoureuse*, Paris, Armand Colin, 1999.
39. P. Brenot, *Les Médecins de l'amour*, Paris, Zulma, 1998.
40. M. Foucault, *op. cit.*, p. 198-199.
41. S. Chaumier, *op. cit.*, p. 147.
42. M. Jaspard, *La Sexualité en France*, Paris, La Découverte, 1997.
43. P. Brenot, « Aveu "contre nature" », *Topique*, 1999, 70, 93-101.
44. S. Chaumier, *op. cit.*, p. 131.
45. P. Brenot, *La Sexologie*, Paris, PUF, 1994, p. 5.
46. P. Darmon, *Le Tribunal de l'impuissance*, Paris, Le Seuil, 1979.
47. M. Jaspard, *op. cit.*, p. 15.
48. M. Jaspard, *op. cit.*, p. 16.
49. S. Lilar, *op. cit.*, p. 161.

50. S. Lilar, *op. cit.*, p. 162.
51. P. Brenot, *Un sanctuaire civaïte en Thaïlande*, Mémoire Maîtrise Lettres, Un. Bordeaux 2, 1974.
52. *Genèse*, I, 26-27.
53. *Genèse*, II, 21.
54. S. Lilar, *op. cit.*, p. 166.
55. S. Chaumier, *op. cit.*, p. 130.
56. P. Solignac, *La Névrose chrétienne*, Paris, Trévise, 1976, p. 63.
57. S. Chaumier, *op. cit.*, p. 131.
58. S. Lilar, *op. cit.*, p. 108.
59. Cité par S. Lilar, *op. cit.*, p. 113.
60. S. Chaumier, *op. cit.*, p. 108.
61. J.-J. Rousseau, *Émile*, I, 5.
62. Abbé J. G. Chassagnol, article « Mariage », *Dictionnaire de la conversation et de la lecture*, Paris, Belin-Mandar, 1837, vol. 37, p. 146-147.
63. R. Nelli, *L'Érotique des troubadours*, Paris, Union générale d'éditions, 1974, vol. 1, p. 12-13.
64. M.-O. Métral, *Le Mariage, les hésitations de l'Occident*, Paris, Aubier, 1977.
65. M. Jaspard, *op. cit.*, p. 21.
66. P. Brenot, *Éloge de la masturbation*, Paris, Zulma, 1997.
67. H. de Balzac, *op. cit.*, p. 132.
68. Cité par S. Chaumier, *op. cit.*, p. 195.

Chapitre 4 – Rupture

1. J. Giraudoux, *Electre*, II, 8.
2. B. Ouvry-Val et M. Ravenet, « La nuptialité sortie de l'âge d'or », *Autrement*, 1989, 105, p. 22.
3. Nombre de mariages par an en France (source INSEE) : 1972 (378 600), 1978 (354 628), 1980 (334 377), 1989 (281 000), 1995 (254 651), 2000 (304 300) ; nombre de divorces par an (INSEE) : 1950 (31 673), 1965 (33 742), 1975 (55 612), 1980 (81 156), 1986 (111 279), 1993 (110 800).
4. L. Roussel, *Le mariage dans la société française contemporaine, faits de population, données d'opinion*, Paris, PUF, 1975, p. 358.
5. L. Roussel et O. Bourguignon, *Générations nouvelles et mariage traditionnel. Enquête auprès de jeunes de 18-30 ans*, Paris, PUF, 1978.
6. S. Chaumier, *op. cit.*, p. 185.
7. F. Daguet, *Mariage, divorce et union libre*, Bull. INSEE, 1996, n° 482.
8. L. Roussel, 1975, *op. cit.*, p. 274-275. La même question a été posée lors de l'enquête « Divorce » en 1973 en France et en Allemagne : « Pensez-vous que l'aspect public du divorce est une simple formalité pour être en règle avec la société ou bien est indispensable parce qu'il donne toute sa valeur à l'engagement réciproque des futurs époux ? » Est indispensable : 55 % des hommes et 59 % des femmes en France (50 % des hommes et 57 % des femmes en Allemagne) ; est une simple formalité : 41 % des hommes et 37 % des femmes en France (49 % des hommes et 42 % des femmes en Allemagne).

9. A. Spira, *Les Comportements sexuels en France*, Paris, La Documentation française, 1993, p. 141. L'enquête ACSF effectuée par téléphone en 1991-1992 en France auprès de 20 000 personnes donne un état des comportements sexuels, notamment des pratiques intimes et du nombre de partenaires. Ici pour la vie entière, et concernant les rapports hétérosexuels, les hommes ont en moyenne 11,3 partenaires, tandis que les femmes n'en ont eu que 3,4. Cette profonde asymétrie est assez constante dans le temps et dans l'espace. Le rapport Simon, en 1972, sur *le comportement sexuel des français*, déclarait plus de 10 partenaires pour les hommes et seulement 1,8 pour les femmes. En vingt ans, la liberté sexuelle a certainement autorisé les femmes à avoir plus de partenaires. Mais la profonde différence entre hommes et femmes (de 1 à 4) ne peut s'expliquer entièrement par des arguments psycho-sociaux. La même asymétrie est observée dans toutes les enquêtes nationales (USA, Suède, Norvège, Finlande, Danemark, Pays-Bas, Angleterre...) faisant plutôt penser à un facteur biologique.

10. Ch. Castelain-Meunier, *La Différence des sexes : les différences socio-culturelles*, Colloque du Théâtre de la Science, Bordeaux, 26 novembre 2000.

11. Espérance de vie en France (source INSEE) des hommes et des femmes (entre parenthèses) : 1740 : 23,8 (25,7) ; 1800 : 34,9 (37,2) ; 1900 : 45,4 (48,7) ; 1952 : 65,0 (71,2) ; 1960 : 67,5 (74,4) ; 1970 : 68,4 (75,8) ; 1982 : 70,2 (78,8) ; 1989 : 70,5 (77,0) ; 2000 : 75,2 (82,7).

12. J. A. Malarewicz, *Le Couple : quatorze définitions décourageantes, donc très utiles*, Paris, Robert Laffont, 1999, p. 126.

13. J.-C. Kaufmann, *La Femme seule et le prince charmant*, Paris, Nathan, 1999, p. 124.

14. P. Bourdieu, *Les Stratégies matrimoniales dans le système des stratégies de reproduction*, Paris, Centre de sociologie européenne, 1971.

15. P. Brenot, *l'interdit en sexualité, de la tradition aux nouveaux interdits*, séminaire de gynécologie psychosomatique et sexologie, Schoelcher, 2000 et *Sexologies*, 2001.

16. A. Spira, *op. cit.*, p. 127.

17. A. Spira, *op. cit.*, p. 202. Sur 20 000 personnes, à la question « Est-ce que vous êtes satisfait de votre vie sexuelle actuelle ? », toutes tranches d'âges confondues, ont répondu : très satisfaits (45 % des hommes et 48 % des femmes) ; assez satisfaits (44 % des hommes et 36 % des femmes) ; peu satisfaits (6 % des hommes et 8 % des femmes) ; pas satisfaits du tout (4 % des hommes et 5 % des femmes) ; sans réponse (1 % des hommes et 3 % des femmes). Ces catégories ne sont certainement pas justes, les auteurs s'étonnant même que, « si l'on ajoute les *assez satisfaits* aux *très satisfaits*, on observe que 42 % des personnes sans partenaire depuis un an se déclarent *très satisfaites* ou *assez satisfaites* de leur vie sexuelle actuelle » !

18. B. Cyrulnik, *Sous le signe du lien*, Paris, Hachette, 1989.

19. J.-C. Kaufmann, *Sociologie du couple*, Paris, PUF, QSJ, 1995, p. 32.

20. E. Morin, *L'Esprit du temps*, Paris, Grasset, 1962, p. 137, voir aussi *Le Cinéma ou l'Homme imaginaire*, 1956, Paris, Minuit, 1978.

21. A. Spira, *op. cit.*, p. 157 et M. Jaspard, *op. cit.*, p. 104.

22. P. Brenot, A. Comte-Sponville et P. Costa, *Qu'est-ce que l'amour ?*, Bordeaux, L'Esprit du temps, 2001, p. 5.
23. P. Brenot, A. Comte-Sponville et P. Costa, *op. cit.*, p. 7.
24. Enquête IFOP, *Les Françaises et l'amour*, 1959.
25. A. Spira, *op. cit.*
26. D. Le Gall, « Amours adolescentes entre révélation et blessure intime », *Dialogue*, 1999, 146, p. 22.
27. J.-C. Kaufmann, *op. cit.*, p. 44.
28. J.-C. Kaufmann, *op. cit.*, p. 45.
29. P. Brenot, *La Sexologie*, *op. cit.*, p. 77.
30. L. Roussel et O. Bourguignon, *op. cit.*, p. 68.
31. « Les divorces en 1996, une analyse statistique des jugements prononcés », *Études et statistiques*, Paris, ministère de la Justice, 1999.
32. H. Fisher, *op. cit.*, p. 402, fig. 2.
33. H. Fisher, *op. cit.*, p. 400-401.
34. I. Théry, *Le Démariage*, Paris, Éditions Odile Jacob, Opus, 1996, p. 264.
35. H. Fisher, *op. cit.*, p. 125.
36. R. Henny, « Les unions impossibles », *in Le Couple et ses problèmes*, Genève, Labor et Fidès, 1963, p. 188.
37. R. Henny, *op. cit.*, p. 190.
38. S. Chaumier, *op. cit.*, p. 183.
39. H. Fisher, *op. cit.*, p. 115.
40. Nancy Howell, citée par H. Fisher, *op. cit.*, p. 117. Chez les Kungs, elle a étudié 331 mariages dont 134 se sont terminés par un divorce.
41. F. Dubet, intervention au Théâtre de la Science, Bordeaux, mars 2000.
42. F. Alberoni, *Le Choc amoureux*, Paris, Ramsay, 1981, et Pocket, p. 31.
43. F. Alberoni, *op. cit.*, p. 32.
44. I. Théry, *op. cit.*, p. 356.
45. Sondage effectué par l'IFOP les 13 et 14 novembre 1997 auprès d'un échantillon de 1 002 personnes, représentatif de la population française âgée de 15 ans et plus.
46. L. Roussel, *op. cit.*, p. 367.
47. J.-C. Kaufmann, *op. cit.*, 1999, 181-189.
48. E. Vilar, *op. cit.*, p. 90.
49. J.-C. Kaufmann, *op. cit.*, 1999, p. 66.
50. Étude réalisée en France pour le magazine *Elle* et M6, sur un échantillon de 301 femmes célibataires, divorcées ou veuves, âgées de 25 à 45 ans, déclarant vivre seules. Interviews effectuées par téléphone les 27 et 28 janvier 2000.
51. C.-R. Rogers, *Réinventer le couple, à l'écoute de ceux qui ont osé tout dire sur le succès ou l'échec de leur union*, Paris, Robert Laffont, 1972, p. 183.
52. C. R. Rogers, *op. cit.*, p. 184.
53. H. Fisher *op. cit.*, p. 78.
54. C. R. Rogers, *op. cit.*, p. 215.
55. Florette Lartigue, communication personnelle, Mouans Sartoux, sept. 1999.

56. L. Roussel, « La cohabitation juvénile en France », *Population*, 1978, 1.
57. L. Roussel et O. Bourguignon, *op. cit.*, p. 80.
58. C. Gellman-Barroux et R. Bellman, « Petits couples », *Revue de l'École des parents*, 1996.
59. C. Gellman-Barroux et R. Gellman, *op. cit.*, p. 4.
60. S. Kepès et Ph. Brenot, *Relaxation et Sexualité*, Paris, Éditions Odile Jacob, 1998, p. 101.
61. N. O'Neill et G. O'Neill, *Le Mariage open*, Montreal, Select, 1976, cité par Serge Chaumier, *op. cit.*, p. 189.
62. Ch. Castelain-Meunier, *L'Amour en moins. L'apprentissage sentimental*, Paris, Orban, 1991, p. 42.
63. L. Roussel, *op. cit.*, p. 283.
64. S. Chaumier, *op. cit.*, p. 204.
65. E. Pierrat, *Le Sexe et la loi*, Paris, Arléa, 1996, p. 93.
66. W. Pasini, *Éloge de l'intimité*, Paris, Payot, 1991.

Chapitre 5 – Réinventez votre couple

1. A. Phillips, *op. cit.*, Paris, Bayard, 1997, p. 79.
2. W. Pasini, *À quoi sert le couple ?*, Paris, Éditions Odile Jacob, 1996, p. 4.
3. W. Pasini, *op. cit.*, p. 10.
4. J.-G. Lemaire, *Le Couple : sa vie, sa mort, la structuration du couple humain*, Paris, Payot, 1979.
5. W. Pasini, *op. cit.*, p. 171.
6. Voir J. G. Lemaire, *op. cit.*, et J. Willi, *La Relation de couple, le concept de collusion*, Neuchâtel, Delachaux et Niestlé, 1982.
7. P. Brenot, *La Relaxation*, Paris, PUF, QSJ, 1998, p. 80.
8. F. Nietzsche, *Le Gai Savoir*, Paris, Club français du livre, 1957.
9. F. Aberoni, *op. cit.*, p. 9.
10. J. Godin, *La Nouvelle Hypnose*, Paris, Albin Michel, 1992, p. 109, 119.
11. P. Brenot, *De la lettre d'amour*, Paris, Zulma, 2000.
12. S. Chaumier, *op. cit.*, p. 57.
13. I. Eibl-Eibesfeldt, « Éthologie », *Naturalia et biol.*, 1984.
14. D. Morris, *Magie du corps*, Paris, Grasset, 1986.
15. P. Brenot, *Les Mots du sexe*, Bordeaux, L'Esprit du Temps, 1993, p. 25-26.
16. Sapho, *in Alcée, Sapho*, Paris, Les Belles lettres, 1989.
17. P. Brenot, *Les mots du sexe*, *op. cit.*, p. 34. L'expression *conter fleurette* est à l'origine du mot franglais *flirter*, lui-même issu du français médiéval *fleureter*, *conter fleurette*.
18. H. Fisher, *op. cit.*, p. 43. L'odeur de l'aisselle masculine a régularisé le cycle de femmes au cycle irrégulier, à leur insu, car elles disaient ne pas en percevoir l'odeur.
19. Les phéromones sont des substances sécrétées à l'extérieur de l'animal par une glande spécialisée et qui, chez un individu de la même espèce, provoquent une réaction spécifique. Il existe des phéromones

d'alarme, de défense, de marquage du territoire... Les phéromones sexuelles sont de puissants attracteurs pour un individu de la même espèce et de sexe opposé.

20. F. Alberoni, *op. cit.*, p. 20.
21. H. Fisher, *op. cit.*, p. 185.
22. M. Liebowitz, *La Chimie de l'amour*, Éd. de l'homme, 1984.
23. F. Alberoni, *op. cit.*, p. 100.
24. P. Brenot, A. Comte-Sponville et P. Costa, *op. cit.*, p. 7.
25. « Hommes/femmes », *Pratiques psychologiques*, 1998, 3.
26. P. Brenot, « Le corps et le couple en relaxation », *in Les Relaxations thérapeutiques aujourd'hui*, Paris, L'Harmattan, 1988, vol. 1, p. 242-247.
27. La Bruyère, *Les Caractères*, « Du cœur ».
28. P. Brenot, « L'amitié dans le couple », *Le Nouvel Observateur*, hors série sur l'amitié, déc. 2000.
29. F. Alberoni, *op. cit.*, p. 131.
30. J.-C. Kaufmann, *Sociologie du couple*, p. 120.
31. A. Comte-Sponville, *Petit Traité des grandes vertus*, Paris, PUF, 1995, p. 298.
32. S. Chaumier, *op. cit.*, p. 200.
33. M.-Cl. Célérier, *Corps et fantasmes. Pathologie du somatique.* Paris, Dunod, 1989, p. 3.
34. P. Brenot, *La Dimension psychosomatique*, séminaire du CIEH, Université Bordeaux I, 1980-2000.
35. W. Pasini, *op. cit.*, p. 10.
36. P. Brenot, *Les Mots de la dépression*, Bordeaux, L'Esprit du temps, 1990.

Chapitre 6 – Autothérapie

1. A. Phillips, *op. cit.*
2. W. Pasini, *op. cit.*, p. 34.
3. M. Balint, *Le Médecin, son malade et la maladie*, Paris, PUF, 1960.

BIBLIOGRAPHIE

ALBERONI F., *Le Choc amoureux : recherches sur l'état naissant de l'amour*, Paris, Ramsay, 1981.

ALBERONI F., *Le Vol nuptial*, Paris, Plon, 1995.

ALMERAS H. d', *Le Mariage chez tous les peuples*, Paris, Reinwald, 1903.

ARON C., *La Bisexualité et l'ordre de la nature*, Paris, Éditions Odile Jacob, 1996.

BACH G. et WYDERN P., *Ennemis intimes*, Québec, Le Jour, 1983.

BADINTER E., *L'un est l'autre. Des relations entre hommes et femmes*, Paris, Éditions Odile Jacob, 1986.

BADINTER E., *XY, de l'identité masculine*, Paris, Éditions Odile Jacob, 1992.

BALZAC H. de, *Physiologie du mariage*, Paris, Soc. d'éditions littéraires et artistiques, 1901.

BARRE V. *et al.*, *Dites-le avec des femmes, le sexisme ordinaire dans les médias*, Paris, CDF, 1999.

BASTIN G., *Dictionnaire de la psychologie sexuelle*, Bruxelles, Dessart, 1970.

BATESON P., *Mate choice*, Cambridge, Cambridge Univ. Press, 1982.

BENOIT J. C. et MALAREWICZ J. A., *Dictionnaire clinique des thérapies familiales systémiques*, Paris, ESF, 1988.

BERGMAN I., *Scènes de la vie conjugale*, Paris, Gallimard, 1973.

BIDART Cl., *L'Amitié, un lien social*, Paris, La Découverte, 1997.

BLONDIN R., *Le Mensonge amoureux*, L'Âge d'homme, 1984.

BRENOT P. H., *Les Mots du sexe*, Paris, Bordeaux, L'Esprit du temps, 1992.

BRENOT P. H., *La Sexologie*, QSJ, PUF, 1994.

BRENOT P. H., *L'Éducation sexuelle*, Paris, PUF, QSJ, 1996.

BRENOT P. H., *Éloge de la masturbation*, Toulouse, Zulma, 1997.
BRENOT P. H., « Sexualité », *in Encyclopedia Italiana*, Rome, 2000.
BRENOT P. H., « Homosexualité », *in Encyclopedia Italiana*, Rome, 2000.
BROUSSIN B. et BRENOT P. H., « Existe-t-il une sexualité du fœtus ? », *Médecine fœtale*, 1996, p. 23-25.
BUSS D. M., « Sex differences in human mate preferences : evolutionary hypothesis tested in 37 cultures », *Behavioral and Brain Sciences*, 1989, 12, 1-49.
CAILLE P., *Un et un font trois. Le couple révélé à lui-même*, Paris, ESF, 1991.
CASTELAIN-MEUNIER Ch., *L'Amour en moins. L'apprentissage sentimental*, Paris, Olivier Orban, 1991.
CHAUMIER S., « La déliaison amoureuse », *De la fusion romantique au désir d'indépendance*, Paris, Armand Colin, 1999.
CYRULNIK B., *Les Nourritures affectives*, Paris, Éditions Odile Jacob, 1993.
CYRULNIK B., *Sous le signe du lien*, Paris, Hachette, 1989.
DELSOL C., *Éloge de la singularité. Essai sur la modernité tardive*, Paris, La Table Ronde, 2000.
DEVEREUX G., *Femme et mythe*, Paris, Flammarion, 1982.
DIBIE P., *Ethnologie de la chambre à coucher*, Paris, Grasset, 1987.
DUBY G., *Le Chevalier, la Femme et le Prêtre. Le mariage dans la France féodale*, Paris, Hachette, 1999.
EAUBONNE F. d', *Les Femmes avant le patriarcat*, Paris, Payot, 1977.
EIBL-EIBESFELDT I., *Éthologie. Biologie du comportement*, Paris, Éditions scientifiques, 1972.
ETCHEGOYEN A., *Éloge de la féminité*, Paris, Arléa, 1997.
FISCHER H., *Anatomy of Love*, 1992, et *Histoire naturelle de l'amour*, Paris, Robert Laffont, 1994.
FORD C. S. and BEACH F. A., *Patterns of Sexual Behavior*, 1951, et *Les Comportements sexuels*, Paris, Robert Laffont, 1970.
FOUCAULT M., *Histoire de la sexualité*, Paris, Gallimard, 3 vol., 1976 à 1984.
FREEDMAN, *Les Fantaisies sexuelles des animaux*, Paris, Stock, 1980.
FREUD S., *Trois Essais sur la théorie de la sexualité*, Paris, Gallimard, 1949.
GENÈSE, *in La Bible, Ancien et Nouveau Testament*, Alliance biblique universelle, Le Cerf, Paris, 1988.
GIROUD F. et LÉVY B.-H., *Les Hommes et les femmes*, Paris, Olivier Orban, 1993.
HABIB C., *Le Consentement amoureux*, Paris, Hachette, 1998.

HALEY J. et ERICKSON M. H., *Changer les couples. Conversations avec Milton H. Erickson*, Paris, ESF, 1990.
HÉRITIER F., *Masculin/Féminin, la pensée de la différence*, Paris, Éditions Odile Jacob, 1996.
HIRIGOYEN M. F., *Le Harcèlement moral*, Paris, La Découverte, 1998.
HITE S., *The Hite Report*, New York, Mac Millan, 1976, et *Le Rapport Hite*, Paris, Laffont, 1977.
HRDY S. B., *The Woman That Never Evolved*, Cambridge, Harward Univ. Press, 1981, et *Des guenons et des femmes*, Paris, Tierce, 1984.
JASPARD M., *La Sexualité en France*, Paris, La Découverte, 1997.
KAPLAN H. S., *Disorders of Sexual Desire*, New York, Brunner-Mazel, 1979.
KAPLAN H. S., *The New Sex Therapies*, New York, Brunner-Mazel, 1974, et *La Nouvelle Thérapie sexuelle*, Paris, Buchet Chastel, 1979.
KAUFMANN J.-C., *La Femme seule et le prince charmant*, Paris, Nathan, 1999.
KAUFMANN J.-C., *La Trame conjugale. Analyse du couple par son linge*, Paris, Nathan, 1992.
KAUFMANN J.-C., *Sociologie du couple*, Paris, PUF, QSJ, 1993.
KELEN J., *L'Éternel Masculin. Traité de chevalerie à l'usage des hommes d'aujourd'hui*, Paris, Robert Laffont, 1994.
KEPES S. et BRENOT P. H., *Relaxation et sexualité*, Paris, Éditions Odile Jacob, 1998.
KINSEY A. C., POMEROY W. B., MARTIN C. E. et GEBBARD P. H., *Sexual Behavior in Human Female*, Philadelphia, W. B. Saunders, 1953, et *Le Comportement sexuel de la femme*, Paris, Amiot-Durant, 1954.
KINSEY A. C., POMEROY W. B., MARTIN C. E., *Sexual Behavior in the Human Male*, Philadelphie, W. B. Saunders, 1948, et *Le Comportement sexuel de l'homme*, Paris, Éd. du Pavois, 1948.
KOHLER J., *On the Prehistory of Mariage : Totemism, Group Mariage, Mother Right*, 1897, and Chicago, Univ. Chicago Press., 1975.
LANGANEY A., *Le Sexe et l'innovation*, Paris, Le Seuil, 1979.
LEADER D., *La Promesse des amants*, Paris, Éditions Odile Jacob, 1999.
LEMAIRE J. G., *Le Couple, sa vie, sa mort*, Paris, Payot, 1979.
LÉVI-STRAUSS C., *Les Structures élémentaires de la parenté*, Paris, PUF, 1949.
LILAR S., *Le Couple*, Bruxelles, Les Éperonniers, 1988.
LO PICCOLO J. et LO PICCOLO L. (sous la dir.), *Handbook of Sex Therapy*, New York, Plenum, 1978.

LORENZ K., *L'Agression, une histoire naturelle du mal*, Paris, Flammarion, 1969.
MAIR L., *Marriage*, Londres, Penguin Books Ltd, 1971, et *Le Mariage, étude anthropologique*, Paris, Payot, 1974.
MALAREWICZ J. A., *Le Couple : quatorze définitions décourageantes, donc très utiles*, Paris, Robert Laffont, 1999.
MALINOWSKI B., *La Sexualité et sa répression dans les sociétés primitives*, Paris, Payot, 1980.
MANTEGAZZA P., *Sexual Relations of Mankind*, New York, Anthropological Press, 1932.
MASTERS W. H. et JOHNSON V. E., *Human Sexual Inadequacy*, Boston, Little Brown and Co., 1970, et *Les Mésententes sexuelles et leur traitement*, Paris, Robert Laffont, 1971.
MASTERS W. H. et JOHNSON V. E., *Human Sexual Response*, Boston, Little Brown and Co., 1966, et *Les Réactions sexuelles*, Paris, Robert Laffont, 1968.
MATHON G., *Le Mariage des chrétiens*, Paris, Desclée/Mame, 1993.
MEAD M., *Mœurs et sexualité en Océanie*, Paris, Plon, 1982.
METAIS P., *Mariage et équilibre social dans les sociétés primitives*, Paris, Imprimerie nationale, 1956.
MOIR A. et MOIR B., *Why Men Don't Iron ? The Real Science of Gender Studies*, Londres, Harper Collins Publishers, 1998.
MONTAGNER H., *L'Attachement*, Paris, Éditions Odile Jacob, 1988.
MORRIS D., *Intimate Behavior*, Londres, 1971, Paris, Grasset, 1972.
MORRIS D., *Le Singe nu*, Paris, Grasset, 1968.
NARDONE G. et WATZLAWICZ P., *L'Art du changement*, Bordeaux, L'Esprit du temps, 1993.
NEUBURGER R., *Les Territoires de l'intime*, Paris, Éditions Odile Jacob, 2000.
NEUBURGER R., *Nouveaux Couples*, Paris, Éditions Odile Jacob, 1997.
ONFRAY M., « Théorie du corps amoureux », *Pour une érotique solaire*, Paris, Grasset, 2000.
PASINI W., *Éloge de l'intimité*, Paris, Payot, 1991.
PASINI W., *À quoi sert le couple ?*, Paris, Éditions Odile Jacob, 1996.
PASINI W., *La Force du désir*, Paris, Éditions Odile Jacob, 1999.
PENNACHIONI I., *De la guerre conjugale*, Paris, Mazarine, 1986.
PHILIPS A., *Monogamie*, Paris, Bayard, 1997.
PIERRAT E., *Le Sexe et la loi*, Paris, Arléa, 1996.
ROGERS C.R., *Réinventer le couple*, Paris, Robert Laffont, 1974.
ROSTAND J. (sous la dir.), *Mœurs nuptiales des bêtes*, Paris, Stock, 1939.
ROUGEMONT D., *L'Amour et l'Occident*, Paris, Plon, 1952.

SINGLY F. de, *Le Soi, le couple et la famille*, Paris, Nathan, 1996.
SINGLY F. de, *Sociologie de la famille contemporaine*, Paris, Nathan, 1993.
SPIRA A. et BAJOS N., *Les Comportements sexuels en France*, Paris, La Documentation française, 1993.
STENDHAL, *De l'amour*, Paris, Gallimard, 1980.
STOLLER R. J., *Masculin ou féminin*, Paris, PUF, 1995.
SULLEROT E. (sous la dir.), *Le Fait féminin*, Paris, Arthème Fayard, 1978.
TANNEN D., *Décidément, tu ne me comprends pas*, Paris, Robert Laffont, 1993.
TAYLOR T., *La Préhistoire du sexe*, Paris, Bayard, 1998.
THÉRY I., *Couple, filiation et parenté aujourd'hui*, Paris, Éditions Odile Jacob/La Documentation française, 1998.
THÉRY I., « Le démariage », *Justice et vie privée*, Paris, Éditions Odile Jacob, 1993.
TOURAINE A., *Critique de la modernité*, Paris, Fayard, 1992.
VILAR E., *Le Sexe polygame*, Paris, Albin Michel, 1976.
WAAL F. De, *Le Bon Singe, les bases naturelles de la morale*, Paris, Bayard, 1997.
WATZLAWICZ P., *Le Langage du changement*, Paris, Le Seuil, 1980.
WESTERMARCK E. A., *Histoire du mariage dans l'espèce humaine*, Paris, Mercure de France, 6 vol., 1934-1945.
WESTERMARCK E. A., *Origine du mariage dans l'espèce humaine*, Paris, Librairie Guillaumin, 1895.
WICKLER W., *Les Lois naturelles du mariage*, Paris, Flammarion, 1971.
WICKLER W. et SEIBT U., « Monogamy, an ambiguous concept », *in Mate Choice*, P. Bateson éd., Cambridge, Cambridge Univ. Press, 1982, p. 35-50.
WILLI J., *La Relation de couple, le concept de collusion*, Neuchatel, Delachaux et Niestlé, 1982.
YHUEL I., *Quand les femmes rompent*, Paris, J.-C. Lattès, 1999.

TABLE

DU MEME AUTEUR

entre autres ouvrages :

Les Mots du corps, l'Esprit du Temps, 1992.
Les Mots du sexe, l'Esprit du Temps, 1993.
La Sexologie, PUF, 1994.
L'Éducation sexuelle, PUF, 1996.
Le Génie et la folie, Plon, 1997.
Éloge de la masturbation, Zulma, 1997.
Les Médecins de l'amour, Zulma, 1998.
La Relaxation, PUF, 1999.
De la lettre d'amour, Zulma, 2000.

avec Suzanne Kepès :

Relaxation et sexualité, Éditions Odile Jacob, 1998.

CET OUVRAGE A ÉTÉ COMPOSÉ PAR FACOMPO, LISIEUX
ET ACHEVÉ D'IMPRIMER SUR ROTO-PAGE
PAR L'IMPRIMERIE FLOCH À MAYENNE
EN MAI 2001

N° d'impression : 51489.
N° d'édition : 7381-0991-X.
Dépôt légal : mai 2001.

Imprimé en France